Ignaz Brüll, H. S. von Mosenthal

Das goldene Kreuz

Oper in 2 Akten, op. 27

Ignaz Brüll, H. S. von Mosenthal

Das goldene Kreuz
Oper in 2 Akten, op. 27

ISBN/EAN: 9783743420601

Hergestellt in Europa, USA, Kanada, Australien, Japan

Cover: Foto ©Thomas Meinert / pixelio.de

Manufactured and distributed by brebook publishing software (www.brebook.com)

Ignaz Brüll, H. S. von Mosenthal

Das goldene Kreuz

Das goldene Kreuz

Oper in 2 Acten

nach dem Französischen

von

H. S. VON MOSENTHAL

MUSIK VON

IGNAZ BRÜLL.

Op. 27.

Vollständiger Auszug für Pianoforte und Gesang

VOM COMPONISTEN.

Eigenthum der Verleger für alle Länder.

BERLIN & POSEN
Leipziger Str.37.   Wilhelm Str.23.

Breslau,   ED. BOTE & G. BOCK.   Stettin
Lichtenberg.   Hof Musikhandlung.   Simon.

Leipzig,F. F Steinacker.

DAS GOLDENE KREUZ.

PERSONEN.

Gontran de l'Ancre, ein junger Edelmann.		*Tenor.*
Nicolas Pariset, Wirth zur Mühle.		*Bariton.*
Christine, seine Schwester.		*Sopran.*
Therese, seine Cousine und Braut.		*Mezzo-Sopran.*
Bombardon, Sergeant.		*Bariton.*

Soldaten, Bauern und Bäuerinnen.

Ort der Handlung: Dorf bei Melun.

Zeit: 1812 u. 1815.

INHALT:

11450—11466.

DAS GOLDENE KREUZ

OPER IN 2 AKTEN VON JGNAZ BRÜLL.

Ouverture.

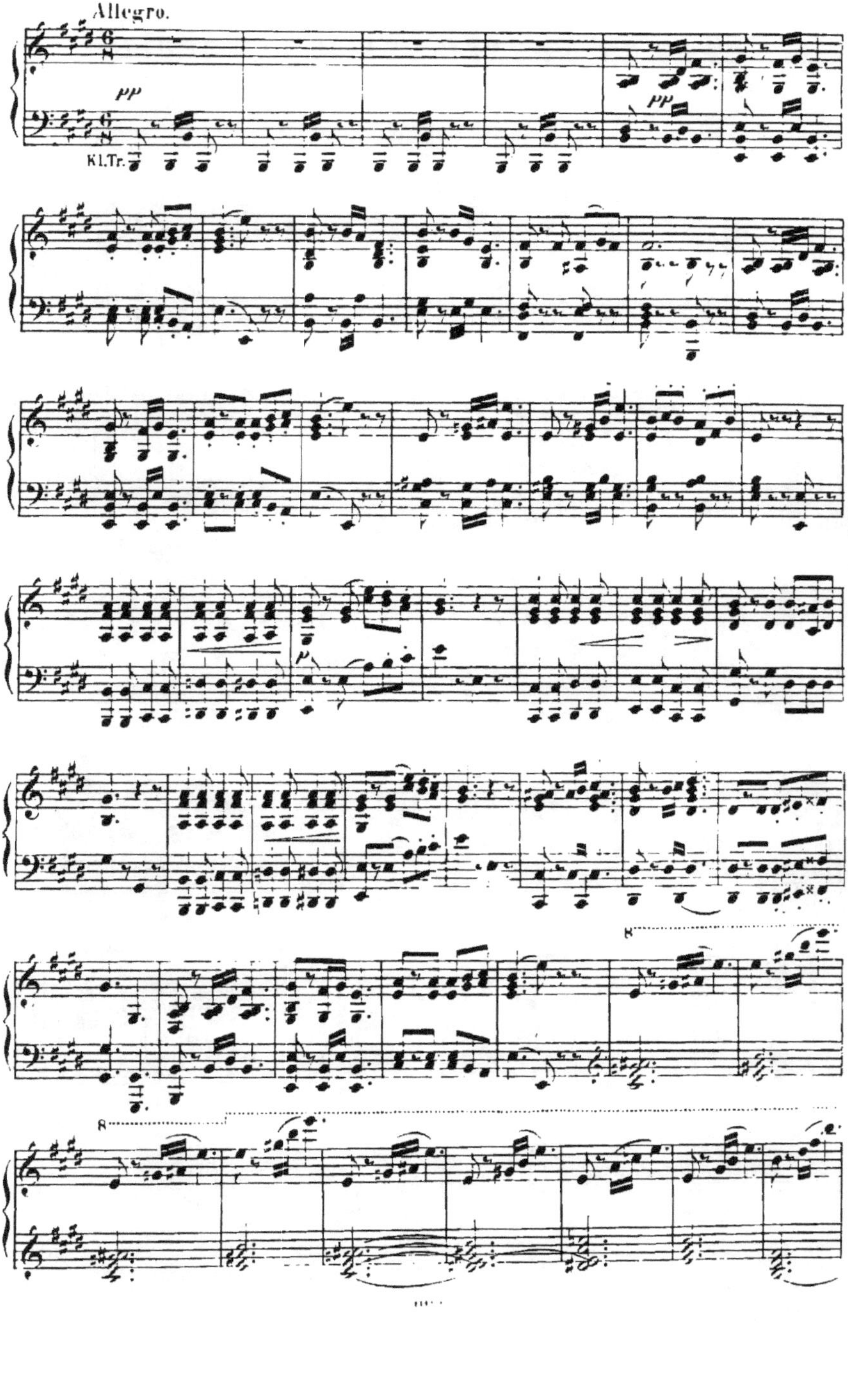
Allegro.
pp
Kl.Tr.
pp
p
8
8

Die ♩ so schnell wie vorher die ♪

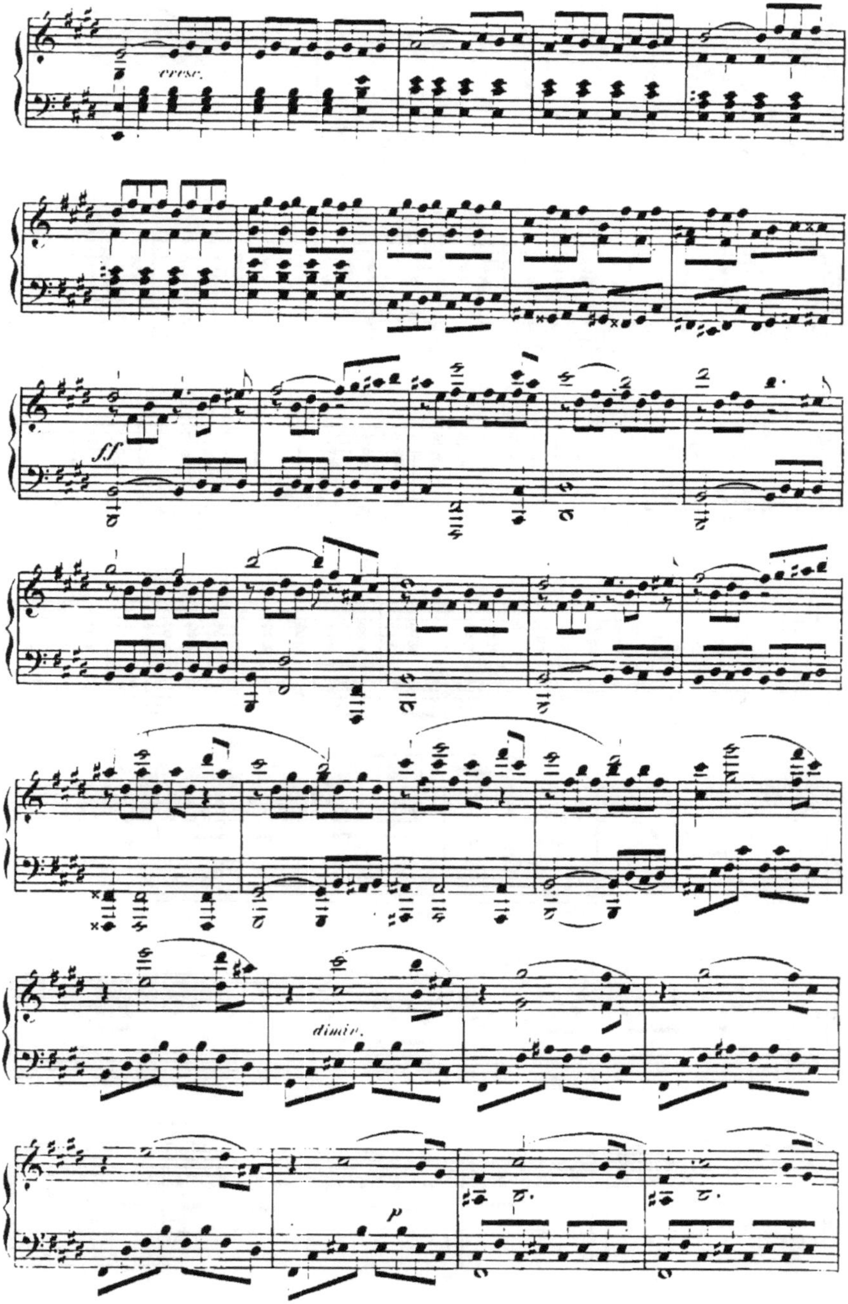
cresc.
ff
dimin.
p

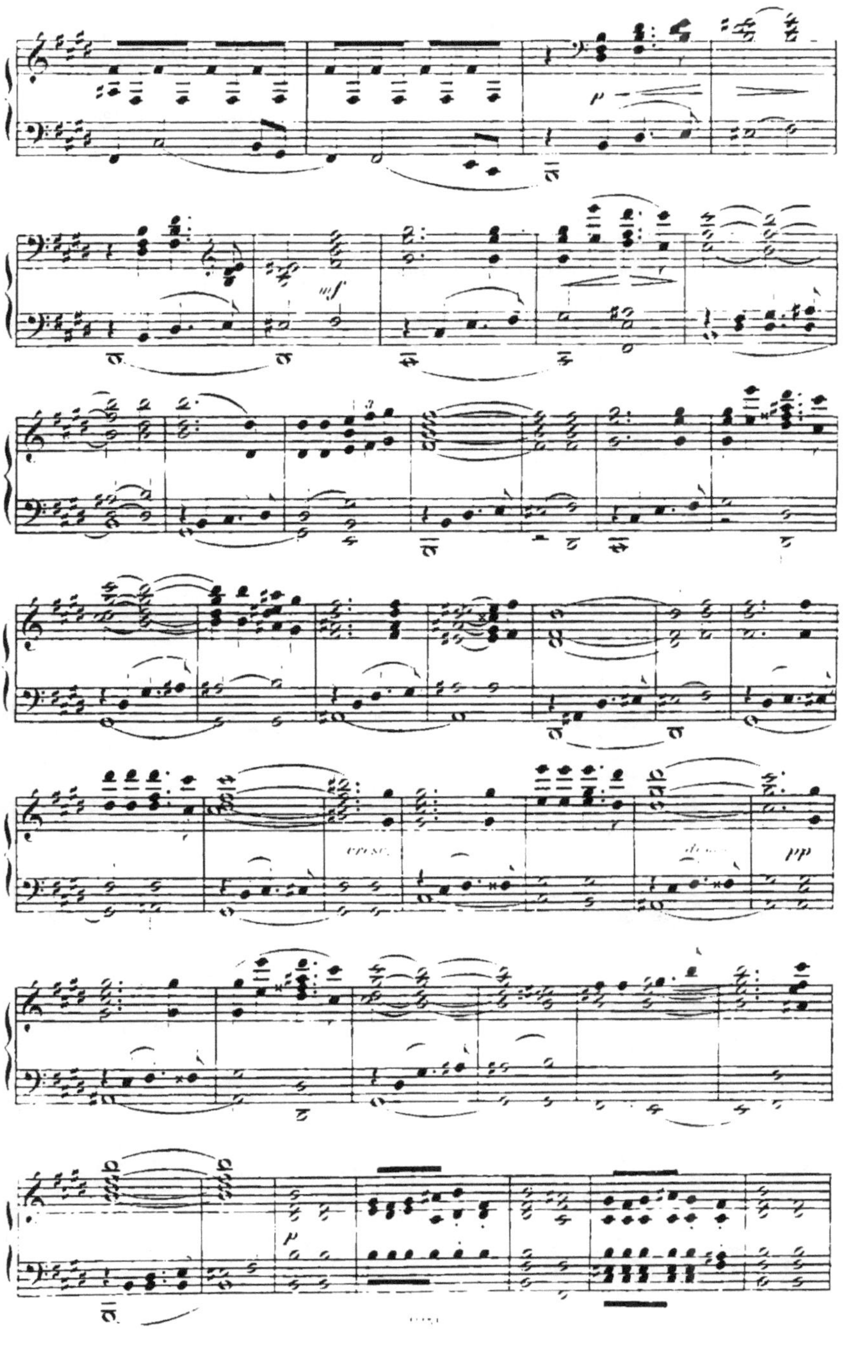
p
mf
cresc.
pp
p

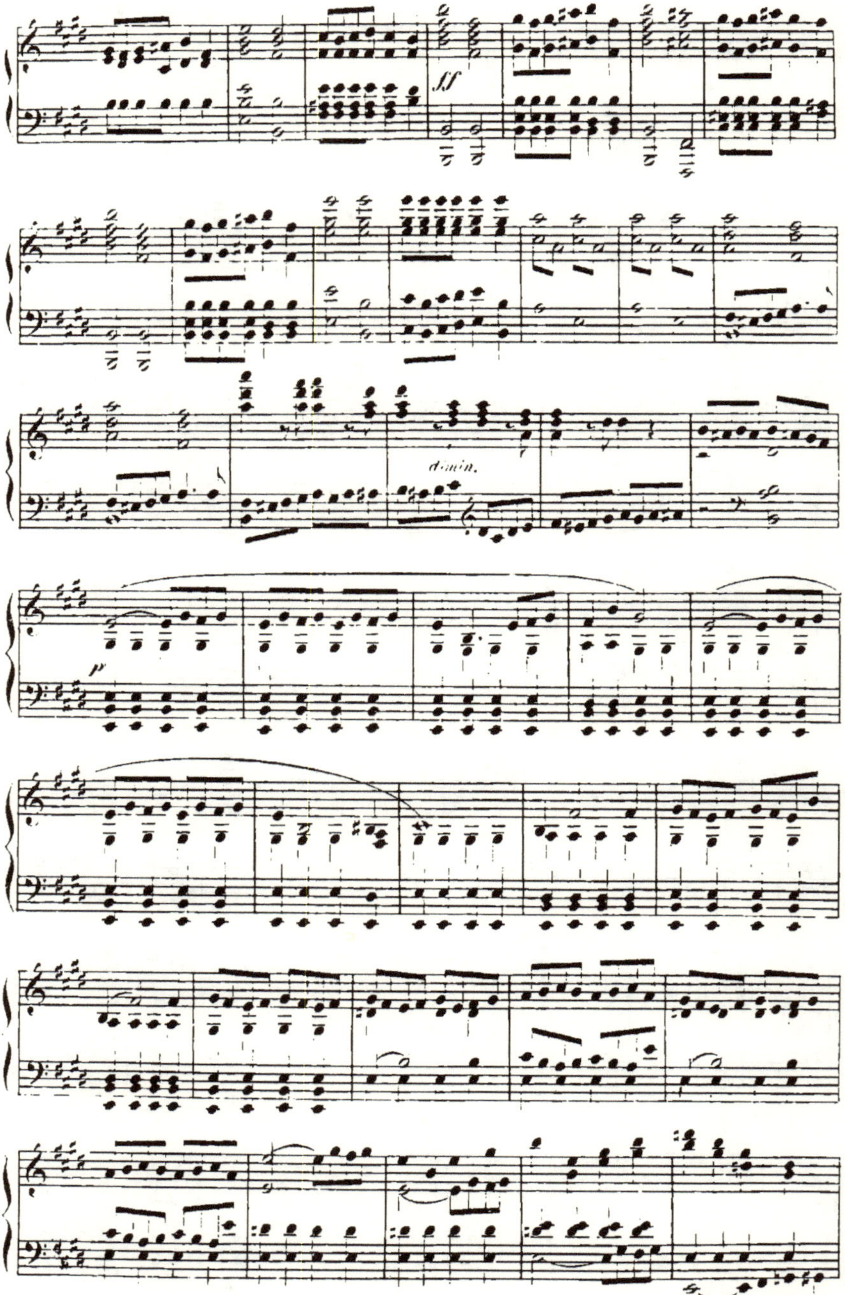
ff
dimin.
p

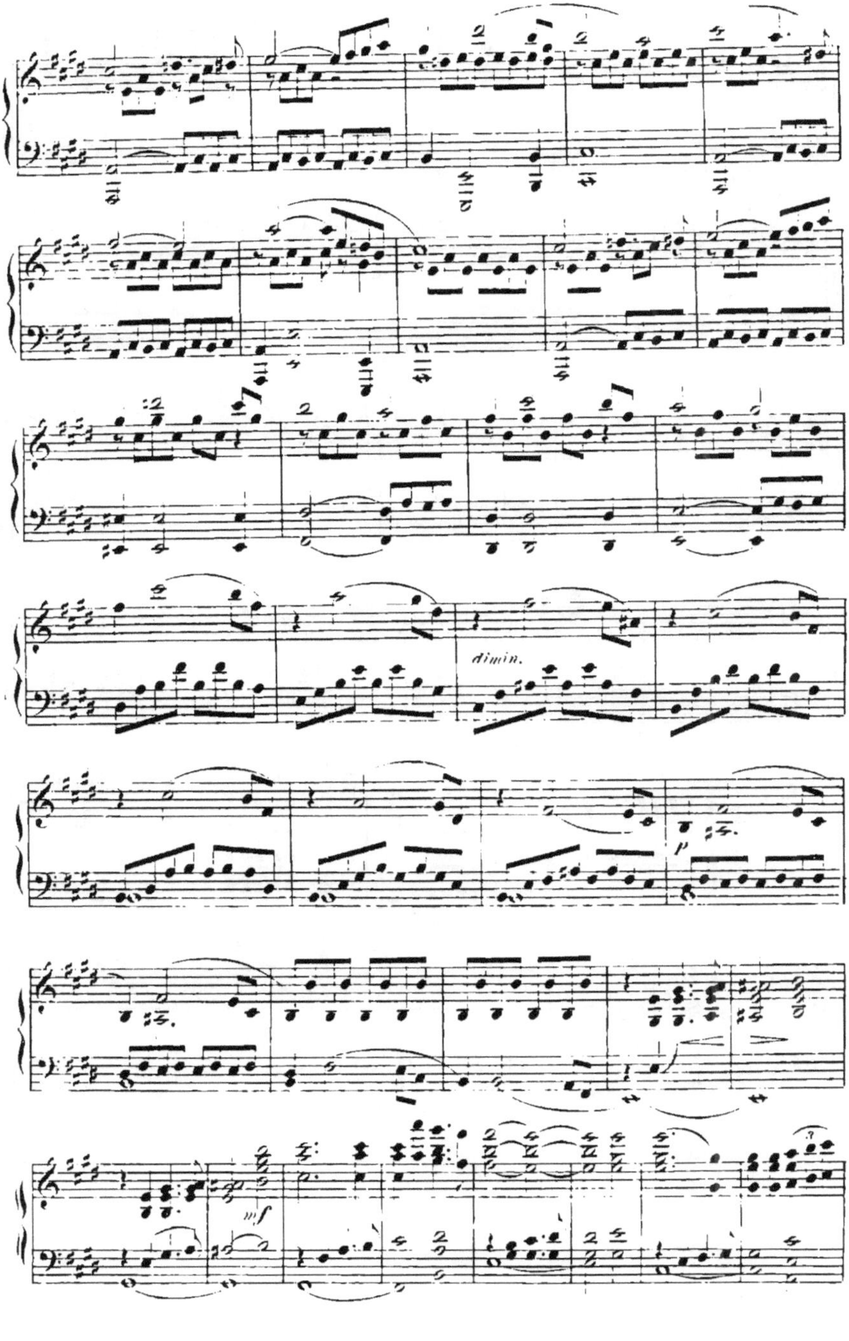
dimin.
p
mf

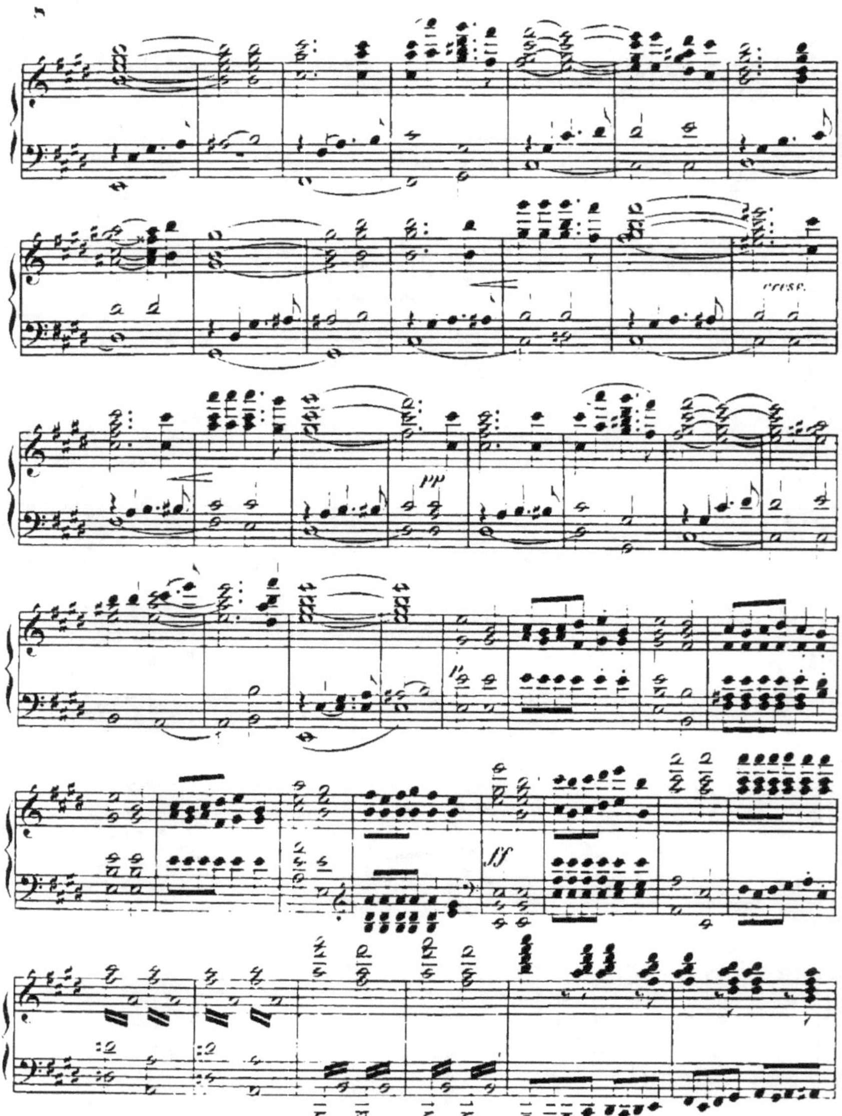
cresc.
pp
ff

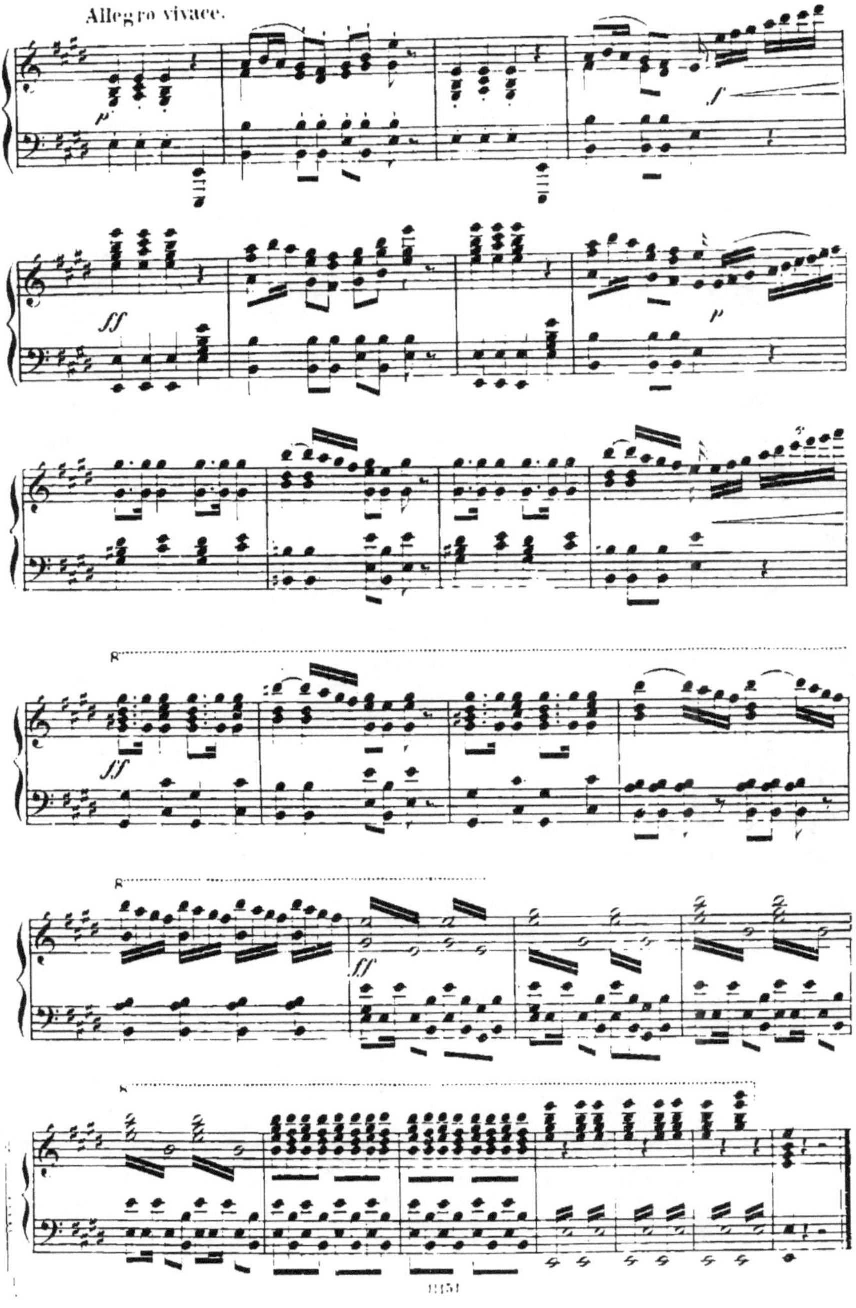
Allegro vivace.
p
f
ff
p
ff
ff

Allegro moderato.

PIANO

(Der Vorhang geht auf)

CHOR DER MÄDCHEN.

Ros _ ma _ rin mit bun _ ten Bän _ dern

brin _ gen wir der jun _ gen Braut,___ die geschmückt in Fest _ ge _ wan _ dern

4152

heut dem Lieb-sten wird getraut. Duft'ge Sträusslein, Ros-marin. eins für sie, und

eins für ihn. Ros-ma-rin mit bun-ten Bändern bringen wir der jun-gen Braut.

Duft'ge Sträusslein, Ros-ma-rin, eins für sie, und eins für ihn. Für Therese und Colas. Laridon, laridon, la!

Ros-marin mit bun-ten Bändern brin-gen wir der jun-gen Braut, die geschmückt im

Fest-ge-wän-dern heut dem Lieb-sten wird getraut. La-ridon, la-ridon, la-ri-da!

Therese.
La_ri_don, la_ri_don, la_ri_da! Dank ihr Lieben,
Ped.
rit. a tempo
dan_ke schön, eu_er Sträusslein soll mich schmücken, wenn wir zum Al_ta_re gehn.
animato
Christine.
Co_las nirgends zu er_bli_cken!
CHOR.
Co_las, Co_las nicht zu Haus?
ff
Sagt, wem ge_ben wir den Strauss!
Therese.
Für den Bru_der nimm Chri_sti_ne du die Hochzeits_ga_be hin! Doch wa_rum die
p
f

trü-be-Mie-ne. Läch - le, lie-be Träu-me-rin!

CHOR.

Nimm den Strauss bald brin-gen wir Ros-ma-rin zur Hochzeit dir!

Nimm den Strauss bald brin-gen wir Ros-ma-rin zur Hochzeit dir ei-nen Strauss Chris-

Christ.

ti - nen ja! La-ri-dou, don, la-ri-da! Mir? damit hat's gu-te We-ge

Ich? ich den-ke nicht an's Frein! Mit dem Bruder den ich pflege leb' ich ja so

Ther.

gern zu zwein! Ei ich bin dir wohl im We-ge! Nun das nenn ich

Christ.

huf - lich sein. Ei wie bos - haft so zu deu - ten, was ich doch so

Langsamer

treu gemeint. Theu - re Schwester, mit euch Bei - den lebt Chri - sti - ne treu vereint!

Romanze.

Andante.

Christine.

espr.

Die El - tern starben

PIANO.

frü - he, und liessen mich und Co - las hier al - lein. Da galt's mütter - ster

Mü - he des ar - men Jungen Vor - sehung zu sein. Ein Müt - ter - chen von sechs-zehn

Jahren hegt ich den Bruder ernst und treu, und wenn ein Leid ihm wi-der-fahren, stand ich ihm

wie die Mut-ter bei! Man spotte-te im Dorf da-

ru-ber und nannt uns das ver-lieb-te Paar, ja, ja, ja, ja, kein Mann war meinem

Her-zen lie-ber, als mir mein theurer Bru-der war!

Nicht wie die an-dern Mäd-chen blickt ich nach andern jungen Männern aus; ich dreh - te still mein Rad - chen, und

Colas sass vergnügt bei mir zu Haus. Da kam mein Bäs-chen, die The - re - se; er hat sich

schnell in sie ver-schaut ich a - ber war dar-ob nicht bö - se, und gäb sie

ger - ne ihm zur Braut! Drum spot-te immer-hin, da -

rüber und sprecht von andrer Lie - be gar, nein, nein, nein, nein, kein Mann wird meinem

Her - zen lie - ber als mir mein theurer Bru - der war, als mir mein

theu - rer Bru - der war! Ach!

Ther.

Allegro.

war - te nur und glau - be mir,

der Rech - te e - ben war nicht hier, kommt erst der

Rech - te dir ins Haus, dann bringt man dir den Hoch - zeits -

CHOR
Ther.
Strauss. Dann bringt man dir den Hoch-zeits - strauss. Kommt erst der
Rechte dir ins Haus, dann bringt man dir, ja
dir den Hoch - zeits-strauss! Kommt erst der Rech-te dir ins
CHOR
Haus, dann bringt man dir den Hoch - zeits - strauss, dann bringt man dir den
Hoch-zeits - strauss.
Ther. Allegretto vivace.
Man soll's nicht ver-schwo-ren mein
Ped.

her - zi - ges Kind; die Män - ner be - tho - ren uns Mäd - chen geschwind, man
rit. a tempo
sträubt sich man wehrt sich doch plötzlich ach! ach! der Jüngling erklärt sich, das Mädchen ist schwach,
der Jüngling erklärt sich, das Mädchen ist schwach so ging es so
mf
geht es auch dir so wie mir. Gott A - mor ver - steht es er kommt auch zu
dir. Gott A - mor ver - steht es er kommt auch zu dir. Gott A - mor ver -

Christ.

steht es, er kommt auch zu dir! Nein, nein, ich will nichts

hö — ren es soll kein frem-des Bild.

Ther.

— Man soll nicht ver-

das stil — le Gluck zer — stö —

schwören mein her — zi — ges Kind, die Männer be-

ren, das mir die See — le füllt. In

thören uns Mädchen ge-schwind. mein herzi-ges Kind.

die - - sen trauten Räu - men, die ich ge - liebt, seit

Man sträubt sich, man wehrt sich, doch plötz - lich ach,

je, will ich mich glücklich träu - men,

ach, ach, ach, ach, ach! Der Jüngling er -

wenn ich euch glücklich seh!

klärt sich, das Mädchen ist schwach. So ging es so

Sopran.

So ging es so

Alt.

In die-sen Räu-men die ich ge-

geht es auch dir, so wie mir. Gott A - mor ver-steht es,

geht es Gott A - mor ver-steht es,

auch dir, so wie mir.

liebt seit je, will ich mich glück-lich

er kommt auch zu dir. Gott A - mor ver-steht es er kommt auch zu

Gott A - mor ver-steht es

er kommt auch zu dir. er kommt auch zu

animato

träu-men, wenn ich euch glück-lich seh, wenn

dir. Gott A - mor ver-steht es, er kommt auch zu dir.

Gott A - mor ver-steht es So ging es, so

dir. er kommt auch zu dir.

ich euch glück - lich seh. Ja
Ach! Ach! Ja
geht's auch dir so wie mir. So ging's so
So ging es, so geht's auch dir so wie mir. So ging's so
wenn ich euch
so geht es auch dir so wie mir Ja
geht es dir so wie mir, so ging es, so geht es auch dir so wie mir, so geht es,
geht es dir wie mir. auch dir wie mir, so geht es,
glück - lich seh!
so geht es auch dir so wie mir, so geht's
geht es dir wie mir, so ging es auch, geht's auch dir so wie mir, auch dir so wie
geht es dir wie mir. auch dir wie mir, auch dir so wie

Wenn glück - lich ich euch seh!

so geht's auch dir. — auch dir wie mir!

mir, auch dir so wie mir, auch dir wie mir!

mir, auch dir so wie mir, auch dir wie mir!

(Die Mädchen tanzen ab.)

dim

No. 2. Scene und Duett.

Allegro moderato.

PIANO

Bombardon.

Halt, front,

Gewehr bei Fuss!   Wir sind am Zie - le, das Gasthaus dort zur

41153

Mül _ le, das Be _ ste ist es weit und breit, und nach des Mar _ sches

Schwü _ le, dort in des Schat _ tens Küh _ le, ein Gläschen Wein,

so frisch und rein, labt den Ci_vil und den Sol_dat, labt den Ci_vil und den Sol.

Gout.

Herr Ka_me_rad ich bin be_reit, wie's euch be_liebt, ich ha_be Zeit.

dat. Ka_me_rad, gewis_ser.

Bomb.

ma _ ssen, wir ken_nen uns erst kur_ze Zeit, wir tra_fen uns als

Wan - drer als Wan - drer auf den Strassen, doch merk ich gleich, doch merk ich

gleich, dass ihr was Rechtes seid, mein Scharfsinn ist be - kannt, bei Männern und bei

Frauen. Ich schau den Leuten gleich in's Herz hinein, und was er schliesst am meisten das Ver-

trau - en? Ein Gläschen Wein, ein gutes Gläschen Wein. Schon Cicero behauptet

Contran.

Ver -

das, er sagt: in vi - no ve - ri - tas, Ihr Wirthschaft

trau'n. Ver_trau'n? Mein Freund was hätt'ich zu ver_trau'n? Ver_

trau ich doch auf die_ser Welt nicht mehr den Män_nern we_nig und den

Frau _ en? Wer da ver_traut, ha ha,

poco più mosso

_ter büsst es schwer. Nichts mehr da_von, beim küh_len

Wein soll Gluth und Zorn ver_ges_sen sein, die Lieb' ist

Frag ich kenne das, Al_lein
ritard.
Bomb.
in vi_no ve _ ri _ tas.
So hör' ich's gern, ihr
sprecht wie ein Sol_dat. Wer woll _ te lang um Weiber kla _ _
animato
gen, der Mann muss sich durch's Le _ ben schla_ _ gen.
Habt Acht, und feu_ert wenn der Feind sich naht!
Gont.
Ja, ja so

ist's mein wa - cke-rer Sol-dat ihr kennt mich oh-ne viel zu
fra - gen. Was ich ge-lit - ten und ge -
Bomb.
Der Mann muss sich durch's Le - ben
fra - gen, ver-ges - sen ist's, seit dem ihr mir ge-naht; ver-ges-sen ist's, seit dem ihr
schla - gen, habt Acht, und feu-ert, wenn der Feind sich naht, habt Acht, und feu-ert wenn der
mir genaht, ver-ges - sen ist's, seit dem ihr mir ge-naht, ver - ges - sen
Feind sich naht, habt Acht, und feuert, wenn der Feind sich naht, habt Acht, und
mf

ist's seit dem ihr mir ge - naht. Trägt auch das Herz der Wun - den
feu ert wenn der Feind sich naht!
vie - le, sie wer - den ja nicht todt - lich sein. trägt
Und
auch das Herz der Wun - den viel, sie werden ja nicht todt - lich sein. Am
giebt es auch der Wun - den viel, sie werden ja nicht tödt - lich sein. Zu
be - sten oh - ne Plan und Ziel. Ver schmerzt man sie beim vol - len Be - cher
Jetzt zieht man mit klin - gen-dem Spiel als Sie - ger in die Hei - math

Wein, _____ trägt auch das Herz der Wun _ den viel, sie wer _ den ja nicht tödt _ lich

ein. _____ und giebt es auch der Wun _ den viel, nicht al _ le wer _ den tödt _ lich

sein. _____ Am be _ sten oh _ ne Plan und Ziel ver _ schmerzt man sie beim

sein. _____ Zu _ letzt zieht man mit klin _ gendem Spiel als

vol _ len Be _ cher Wein! Ja, ja, so ist's mein

Sie _ ger ein! So hör ich's gern ihr

wa _ cke _ rer Sol _ dat, ihr kennt mich oh _ ne viel zu fra _

sprecht _ wie ein Sol _ dat, wer woll _ te lang am Weiber kla _

gen, was ich ge - lit - ten und ge -
gen, der Mann muss sich durch's Le - ben
tra - gen, ver - ges - sen ist's seit dem ihr mir ge naht, ver ges - sen ist's seit dem ihr
schla - gen, habt Acht und feu - ert wenn der Feind sich naht, habt Acht, und feu - ert wenn der
mir ge - naht, ver ges sen ist's seit - dem ihr mir ge -
Feind sich naht, habt Acht, und feu - ert wenn der Feind sich
naht, ver - ges sen ist's seit - dem ihr mir ge - naht. Brave Ka - me-
habt Acht und feu - ert wenn der Feind sich naht. Brav Ka - me-
Più animato.

rad, schlagt ein, schlagt ein, wir trinken Brüder-schaft beim vollen Becher Wein. Brav Ka _ me.

rad, schlagt ein, schlagt ein, wir trinken Brüder-schaft beim vollen Becher Wein. Brav Ka _ me.

rad, schlagt ein, schlagt ein. schlagt ein. schlagt ein, wir trin _ ken

rad, schlagt ein, schlagt ein. schlagt ein. schlagt ein, wir trin _ ken

Brü_der_schaft beim vol _ len Be _ cher Wein, wir trin _ ken Brü_der_schaft beim

Brü_der_schaft beim vol _ len Be _ cher Wein, wir trin _ ken Brü_der_schaft beim

vollen Be _ cher Wein!

vollen Be _ cher Wein!

Allegro.
Gontran.
PIANO.
1. Was ist Le - ben oh - ne Lie - be, oh - ne Treu - e und Ver - traun? nur ein herz - lo - ses Ge - trie - be, öd und schaal ist mir die Welt; ja ich has - se al - le Frauen, konnt' ei - ne mich be - tro - gen, kenn ich al - le, weiss sie
2. treibt's mich zu ent - flie - hen die - ser Stät - te mei - ner Schmerzen; in die Fer - ne will ich zie - hen und ver - ges - sen, was ich litt; doch ich fühl's im tiefsten Herzen der Erinn'rung heisse Thrä - nen, und des Him - mels bitt - res

lü - gen, weiss dass kei - ne Treu - e hält!
Seh - nen trag ich in die Frem - de mit!
dim.
Andante.
Ju - gendglück
Hei - mathland
pp
poco accel.
Ju - gendtraum, Träume vol - ler Won - ne ach wie zer - ron - nen.
Hei - mathland du sichst mich schei - den Grab mei - ner Freu - den.
ach wie zer - ron - nen! Fahrt wohl, fahrt wohl, fahrt,
Grab mei - ner Freu - den, fahr wohl, fahr wohl, fahr,
wohl, fahrt wohl!
wohl, fahr.
1
2. Da - rum
pp

Allegro.

Nº 4. Duo. Trio. Quintetto.

Allegro moderato.

PIANO.

Colas.

Più mosso.

Christ.

Kind such dich zu fassen. Nein, nein du darfst uns nicht ver - las-sen, ich

Colas.
Klamm - re mich an dei - ne Kniee! Und gehst mit mir
Christ.
Wo - hin du willst, ich er - tra - ge,
Com - pag - nie. Das ist 'ne
dass du ver - lo - ren für mich bist!
fürch - ter - li - che La - ge, das ist 'ne fürch - ter - li - che
Wo - hin du willst, ich ich's er - tra - ge, dass du für mich ver -
La - ge, wenn man als Held, als Held ge -

lo - ren bist! Zum blut'gen Krieg, welch ein Entschluss! welch ein Ent-

bo - ren ist.

Colas. (bei Seite) (zu Christine)

schluss! Man fasst ihn leicht, ach wenn man muss, ganz Russ

land gilt es zu ge - win nen und da be - greifst du braucht man

Christ.

mich. Das geht ge - wiss auch oh - ne dich. Nein, ich

Colas. Christ.

lass dich nicht von hin, nein ich geh' zum Maire! Der nahm mich her. Zum Gouver-

Colas. neur! Der hört dich schwer! **Christ.** Zum Kai‿ser sel‿ber will ich ge‿hen, um ihm zu

kla‿gen mei‿ne Noth. **Colas.** Ach, eh den Kai‿ser du ge‿

Christ. Ha! sehen, lieg ich viel‿leicht in Russland todt. Ach, lass mich

Christ. Nein, nein, nein ich lass dich nicht.

Gont. Wie rüh‿rend klin‿gen die‿se

Colas. fort, lass mich fort! Lass mich fort, lass mich

nein, nein, nein, ich lass dich nicht! Nein!
Tö - ne. Welch Antlitz, klar wie Son - nen -
fort! Weil es doch ein - mal so muss
Nein, nein, nein, nein, ich lass dich nicht, nein!
schein, klar wie Son - nen - schein.
sein weil es doch ein - mal so muss sein Ach lass mich
Christ.
Nein! Nein! Nein!
Colas
Bomb.
fort, ach lass mich fort, ach lass mich fort. Seht Kamerad!

animato
Ther.
Co - las,was seh ich! Weh und
Bomb.
Die zwei - te Schö - ne! Das wird ge - wiss die
mf
Ach! Co - las, was seh ich!
Colas.
Schwe - ster sein! Nun
wird mir die Cou - ra - ge schwach!
Ther.
So nahmen sie dich al - so
doch.
Du musst mar - schi - ren.
Colas.
Heu - te noch!
An unserm

Hoch _ zeits _ ta _ ge? Nie! _ Colas.
Da _ nach fragt nicht die Com _ pag _
nie! _ Ther.
Das werden wir einmal pro _ bi _ ren, nein, du ge.
Christ.
Und mir! _ Wir las _ sen dich nicht
Ther.
hö _ rest mir! Wir las _ sen dich nicht
fort _ marschi _ ren; nur die Ge _ walt _ bringt dich von hier. wir
fort _ marschi _ ren, nur die Ge _ walt _ bringt dich von hier. wir

las - sen dich nicht fort - marschir - ren, nur die Ge - walt. _

las - sen dich nicht fort - marschir - ren, nur die Ge - walt. _

_ bringt dich von hier! Wir las - sen dich _ nicht fort - marschi - ren.

_ bringt dich von hier! Wir

Colas.

Da nützt nicht mehr das La - men - ti - ren,

Nein, _ nur die Ge -

las - sen dich _ nicht fort - marschi - ren. nein, _ nur die Ge -

bin nun ein - mal Gre - na - dir! Da nützt

walt, nur die Ge wall bringt dich von hier nur die Ge.
walt, nur die Ge. walt bringt dich von hier nur die Ge.
nichts mehr das La. men. ti. ren, bin
f
walt, nur die Ge walt, ja nur die Ge. walt bringt dich von
walt, nur die Ge walt, ja nur die Ge. walt bringt dich von
nun ein. mal Gre.nadier, ich bin nun ein. mal Gre. na.
pp
hier!
hier! Das Wei. nen macht das Herz ihm
dier! Wa. rum macht ihr das Herz mir schwer.
p

Ther.

schwer!____ Er soll nicht meinen Jammer se . hen!

Gont.

Dies

Colas.

ge_schehen ist einmal ge_sche _ hen. ich

Bomb.

Sie

Das Wei_nen macht das Herz ihm schwer! *rit.* Therese

Au_ge mild und thrä _ nen_schwer, wer könnt' es oh _ ne Rührung sehn.

bin nun ein _ _ mal Mi _ li _ tair.

ma _ chen ihm den Ab _ schied schwer!

rit.

Poco meno mosso.
Christ.
Du, der du Waisen Schutz und Wehr. All - mäch - ti - ger. All-
Ther.
frisch! Verzag nicht mehr! Will's Gott,
Gont.
dies Au - ge mild und thrä - nen - schwer. wer
Colas.
ich bin nun ein - mal Mi - li - tair, so lasst mich
Bomb.
Nein das lass ich nicht ge - schehn! Nein das
Poco meno mosso.
pp
mäch - ti - ger er - hö - re du mein Fle - hen, er - leuchte an dies
so wird ihm ja kein Leid geschehn Therese
könnt'es oh - ne Rüh - rung sehn, wer könnt'es oh - ne Rührung sehn,
denn in Got - tes Namen gehn, wa - rum macht ihr das
lass ich nicht ge - schehn!

An - ge thränenschwer, er - ho - - re du mein
frisch! Ver - zag nicht mehr, will's Gott, wird ihm kein Leid ge -
oh - ne Rührung seh'n, Wer könnt' es oh - ne Ruh - rung
Herz mir schwer, ge - sche - hen ist gescheh'n, ich bin nun einmal Mi - li -
Nein, nein nein, nein, das lass ich nicht gescheh'n, das lass ich nicht ge -
Fle - hen, er - leuch - te du dies Au - ge, er - hö - re du mein Fle - hen, ein
sche - hen. Therese frisch! Ver - zag nicht mehr, will's
se - hen. Dies Au - ge mild und thrä - nen - schwer, wer
tair, ge - sche - hen ist ein - mal ge - scheh'n, ge -
sche - hen! Nein, nein, nein, das

Ret tungs - mit - tel. ach, ein Ret - tungsmit - tel.
Gott, so wird ihm ja kein Leid gescheh'n, wird ihm ja kein
wer könnt' es oh - ne
sche - hen ist ge - scheh'n, so lasst mich denn in Got - tes
lass ich nicht ge - scheh'n, nein, nein, nein, das
für ihn aus - zu - späh'n, ein Ret - tungs - mit - tel
Leid kein Leid ge - scheh'n, will's Gott so wird ihm kein
Rüh - rung seh'n, wer könnt' es
Na - men geh'n, so lasst mich denn in Got - tes
lass ich nicht ge - scheh'n! Nein, nein!

Tempo I

für ihn___ aus_ zu_späh'n!

Nein!

Wir

Leid ge _ scheh'n!

Nein!

Wir

oh_ne Rührung seh'n!

Na _ men geh'n!

Nein, nein!

Tempo I

accler. e cresc.

las _ sen dich nicht fort _ mar_schi _ ren, nur die Gewalt___

las _ sen dich nicht fort _ mar_schi _ ren, nur die Gewalt___

Sei stark___

Da nützt nicht mehr das

Fort du al _ ter Gre _ na _ dier!

– bringt dich von hier, wir las – sen dich nicht fort – marschi – ren,
– bringt dich von hier, wir las – sen dich nicht fort – marschi – ren.
– mein Herz.
La – men – ti – ren. ich
Um den Re – kru – ten bei – zu – stehn
sfp
nur die Gewalt – bringt dich von hier, wir las – sen dich – nicht
nur die Gewalt – bringt dich von hier.
sei stark – mein Herz. sei stark mein Herz. ver –
bin nun ein – mal Gre – na – dier. da nützt nicht mehr das
Fort du al – ter
sf
sfp

fort _ marschi _ ren,

wir las _ sen dich _ nicht fort _ marschi _ ren

trau nicht mehr, ver _ giss nicht was mit dir gescheh'n,

La _ men _ ti _ ren, bin nun ein _ mal Gre _ na _ dier, da

Mi _ li _ tair, um den Re _ kru _ ten bei _ zu stehn, fort.

nein _ nur die Ge _ walt, _ nur die Ge _ walt bringt dich von hier, _ nur die Ge_

nein _ nur die Ge _ walt, _ nur die Ge _ walt bringt dich von hier, _ nur die Ge_

sei stark meinHerz, ver _ trau nicht mehr, sei stark,

nützt nicht mehr das Lamen _ ti _ ren, bin nun

fort. fort, fort. du al _ ter Mi _ li _ tair. fort

walt. ___ nur die Gewalt, ja nur die Ge _ walt ___ ___ von

walt. ___ nur die Gewalt, ja nur die Ge _ walt ___ von

mein Herz, Herz, ver_giss nicht, was mit dir ge-

ein _ _ mal Grenadier, ich bin nun ein _ mal Gre_na_

fort, fort, fort, fort, um den Re _ kru_ten bei_zu_

hier!

hier!

scheh'n!

dier!

steh'n!

№ 5. Arie.

lu-stig in Fein-des-lan - den, so marschirt die gro-sse Ar-mee

lu-stig in Fein-des-lan - den. In ih-ren Rei-hen ist kein Par-don, kein

Ha-sen-fuss, kein Scheu - er, sie kennt nicht Rückzug, nicht Par-don, recht

lust'-gen Muths im — Feu - er, bom bom bom bom bom bom bom bom, bom bom

bom, in Reih und Glied — ge-stan - den, bom bom bom. bom bom

bom, in— Reih und Glied ge - stan - den, Ge - wehr in
Arm. Kopf in die Höh, so marschirt die grosse Armee
lu - stig in Feindes - lan - den, so marschirt die gro - sse Ar - mee
lu - stig in Fein - des - lan - den Und kehrt man heim mit Sieg ge - krönt, vom
Pul - ver schwarz und schar - tig, wo uns die Lieb - ste heiss er - sehnt und

treu gebarrt und ar . tig. Da wirft man von sich das Gewehr und zieht das

Mädel zu sich her.

Bom bom bom, tra_ra_ra, in Reih und Glied ge-

stan _ den, bom bom bom, tra _ ra_ra, in Reih und Glied ge-

stan - den. Mä - del im Arm, Kopf in die Höh',
so er giebt sich die grosse Armee al - lein zu ew'gen Ban - den,
so ergiebt sich die gro - sse Ar - mee, die gro - sse Armee al - lein zu e - wi - gen
riten.
a tempo
Ban - den, al - lein zu e - wigen Ban - den, al - lein.
allein zu e - wigen Ban - den.

Allegro moderato.
PIANO.
CHOR der Bauern. Sop.
und Bäuerinnen. Alt.
O seht die kummer - vol - le Mie - ne, das lich - te Au - ge
roth - geweint, Ja wir be - dauern dich Christi - ne man raubt dir den Freund! O
Ten.
Bass
seht die kum - mer - vol - le Mie - ne das lich - te Au - ge roth - geweint,
Ja

wir be-dauern dich Christi-ne man raubt dir den Freund, ja wir be-

dau - ern dich Chri-sti-ne man raubt den Bru - der dir, den

Freund.

(zu Christine.)(galant)

Was wünschen sie Mam - sell Chri-sti - ne sie wis-sen ja wie

-ern ich die - ne, sie wis-sen, dass ich sie ver-eh - re, und ih-nen ganz al -

11457

lein ge-hö-re, was wünschen Se Mam-sell Christi-ne sie wissen ja, wie

gern ich die-ne, ich hab es stets so treu gemeint, ich bin ihr Die-ner, ja ich bin ihr

Freund, ich bin ihr Freund, ich bin ihr Freund! Ja! das hab ich oft von

euch ver-nom-men, ihr habt stets Freund-lich-keit ge-übt,

nun end-lich ist die Zeit ge-kom-men Be-wei-se denn

Christ

Ther.

mir, wer mich liebt. Was hat sie

Be -

Was hat sie vor?

Was sie da spricht!

vor? Was sie da spricht! Be - wei - sen? Ich be -

Colas

Was hat sie vor?

wei - sen?

Was sie da spricht!

Was hat sie vor?

Ich begreif es nicht!

Was

greif es nicht!
Gont.
Fort will ich und — ver - mag es nicht.
Was sie da spricht.
Was hat sie vor?
Ich begreif es nicht!
Was hat sie vor?
hat sie vor?
Was hat sie vor?
du hol - des En - gel - an - ge - sicht.
Was hat sie vor?
Was wünschen sie Mamsell Christi - ne

sie wis_sen ja wie gern ich die_ne, sie wis_sen dass ich sie vereh_re

und ih_nen ganz al _ lein ge _hö _ re. was wun_schen sie Mam-

sell Chri_stj _ ne, sie wis_sen ja wie gern ich die _ ne, ich hab' es stets so

treu ge_meint, ich bin ihr Die_ner, ja ich bin ihr Freund, ich bin ihr

Christ. Moderato.

Freund, ich bin ihr Freund. Ja! Den Bru_der der uns Schutz und

Wehr!
Ruft sein un - se - lig Loos in's
Feld.
Wohl - an; vernehmt mich denn, ich
schwö - re dass ich als Gat - tin dem ge - hö - re, der als Er - satz für ihn sich
stellt.
Colas
Halt ein.
Allegro molto moderato.
Gont.
O Bild der Zart - lich - keit und
Dich trifft zu spät die Reu - e, ich duld' es nicht,
Glocke a.d. Kirche.
bim!
bam!
dimin.

Christ.

Ther. Das A - ve soll — mein Zeu - ge sein.

Du op-ferst dich. was fällt dir ein.

Treu - e!

Nein! Nein! ich duld' es nicht.

(Nimmt ein gold'nes Kreuz vom Halse.)

Dies gold'ne Kreuz,— der Mut - ter theu-res Pfand, mög' er als

Zei-chen mei-nes Schwurs be - wah - ren, wer mir es bringt.— von leu - te in zwei Jah - ren, dem reich ich am Al - ta - re Herz und

Hand, dem reich ich am Al - ta - re Herz und Hand.

Gont.

Des Him - mels

Gont.

Ruf hör' ich er - klin - gen. ab.

Colas

Du darfst mir nicht das Op - fer

Hört sie schwört! Ist kei - ner

pp

Ein Op - fer? Nein! Nur ei - ne Pro - be soll es

brin - gen.

der____ das Pfand be - gehrt, ist kei - ner

sein; ob, wer mir Lie - be schwur und Treu' auch wür - dig die - ses Prei - ses
gehrt!

der____ das Pfand be - gehrt, das Pfand be -
gehrt!

sei. Dies gold - ne Kreuz der
gelert!
cresc.
Mut - ter theures Pfand mög' er als Zei - chen mei - nes Schwurs be -
pp Hört!
pp
wah - ren, der mir es bringt, von heu - te in zwei Jah - ren, dem
Sie schwört! ist Kei - ner, ist Kei - ner.

70

11157

Poco più mosso.
CHOR der Frauen.

Eine allein   Alle

Nein nein, nein, nein.   das darf nicht sein.

Drei   Alle   Einige   Andere   Einige

nein, nein, nein, nein,   das darf nicht sein; Mein Sohn,   mein Vet-ter,   mein

Einige   Andere

mein Sohn,   mein Vet-ter,

Andere   Alle

Bru-der,   mein   Pa-the,   Ein   Je-der ste-he   für   sich ein, nein.

Einige   Andere   Alle

mein Bru-der,   mein   Pa-the,

Christ.

nein, nein, nein, nein, nein, nein, nein, nein,   nein das darf nicht sein!   Sie schweigen Al-le.

11157

rit.

ff

Gott der Gna - de soll denn mein Flehn ver - ge - bens sein!

Andante ma non troppo.
Allgemeiner Chor.

Sol - che Pro - be mei - ner Treu, ist uns heut zu Ta - ge nen.

Andante ma non troppo.

In roman'ti - schen Rit - ter - ta - gen hat sich so was zu - ge - tra - gen.

A - ber heu - te   a - ber heu - te

A - ber heu - te   a - ber heu - te

Presto.

Viel gescheu-ter sind die Leu-te, nein die Ku-geln sind gar heiss, und in Russland liegt viel Eis, und in Russland liegt viel Eis! Viel gescheu-ter sind die Leu-te und in Russland Nein die Ku-geln sind gar heiss, und in Russland liegt viel Eis, liegt viel Eis! Möch-te

möch - te se - hen,
se - hen,
wer das gold'ne Kreuz ge - win - ne,
wer das gold'ne Kreuz ge - win - ne,
möch - te
möch - te se - hen,
se - hen,
möchte se - hen, möchte se - hen, möchte se - hen, möchte se - hen,
cresc.
möch - te se - hen, möch - te se - hen,
cresc.
wer das gold'ne Kreuz ge - win - ne, wer das gold'ne Kreuz ge - win - ne,
cresc.

Möch - te se - hen.
möch te se - hen,
möch-te se-hen, möch-te se-hen,
möch-te se-hen, möch-te se-hen.
wer das gold' - ne Kreuz ge - win - ne,
wer das gold'-ne Kreuz ge-win-ne, wer das gold'-ne Kreuz ge-win-ne,
möch-te se-hen, möch-te se-hen, wer das gold'-ne Kreuz ge-win-ne,

möch_te se_hen, möchte se_hen, wer das gold'ne Kreuz ge_win_ne. Wer!

Andante ma non troppo.

(Mit ironischer Freundlichkeit unter Verbeugungen.)

Gu_te Nacht, gu_te Nacht, Mam_sell Chri_sti_ne, gu_te Nacht.

Gu_te Nacht.

Andante.

gu - te Nacht — Mam - sell Chri - sti - ne, gu - te Nacht Mam -
gu - te Nacht — Mam - sell Chri - sti - ne, gu - te Nacht Mam -
sell Chri - sti - ne, gu - te Nacht, gu - te Nacht,
sell Chri - sti - ne, gu - te Nacht, gu - te Nacht, gu - te Nacht, gu - te Nacht,
sell Chri - sti - ne, gu - te Nacht, gu - te Nacht, gute Nacht, gu - te Nacht,
sell Chri - sti - ne, gu - te Nacht, gu - te Nacht,

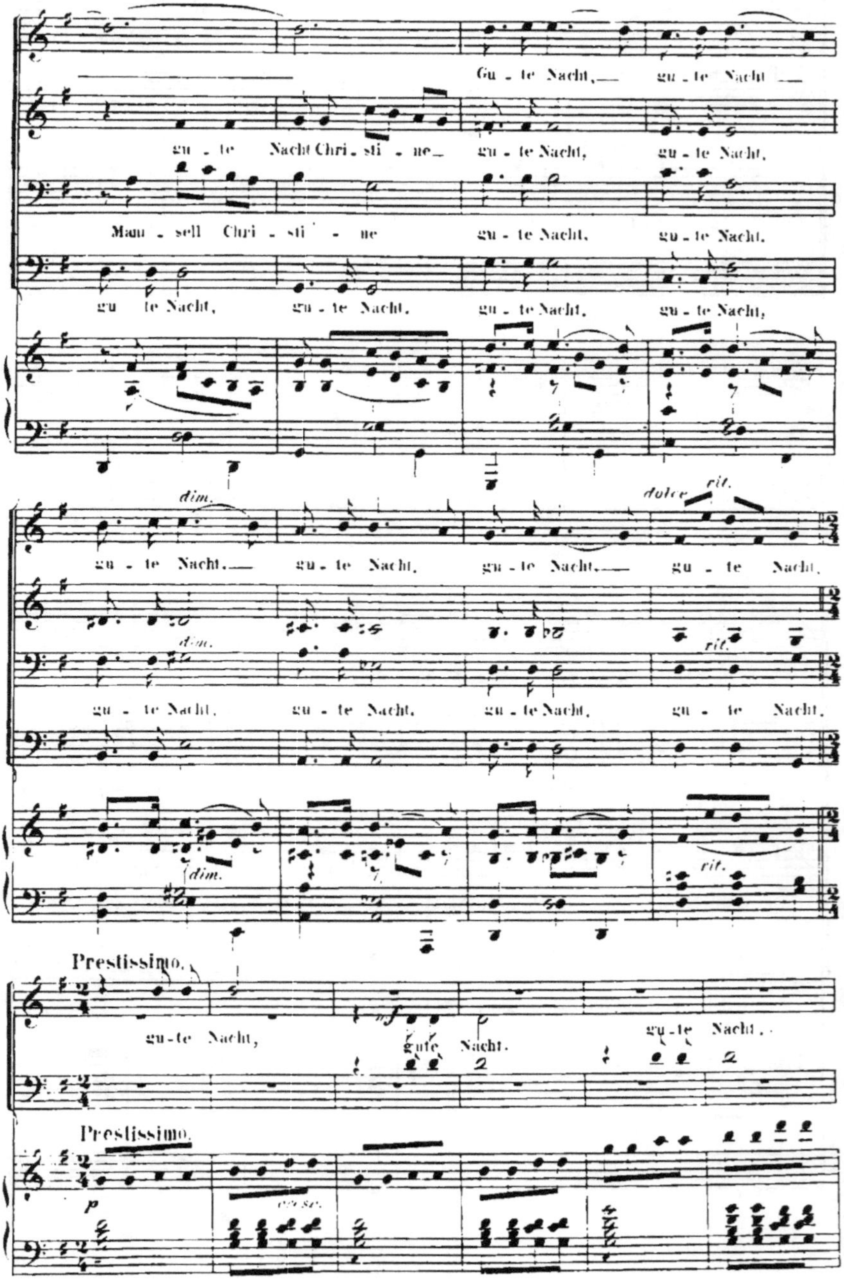

gu - te Nacht, gu - te Nacht Mam - sell Chri - sti - ne,
gu - te Nacht.
(ab.)
sempre
f

N.º 7. Finale.

Allegro moderato.

Theer.

Christine.

Ist's möglich, o Himmel! er _ hört ist mein Flehn! Du

Piano.

bleibst nur mein Männchen du brauchst nicht zu geh'n.

Colas.

Kaum fass' ich's, kaum glaub' ich's.

Christ.

Ich bitt' euch lie_ber Ser_geant, ihr habt den

wie ist das geschehn.

Retter nicht ge_nannt, o sprecht, o sprecht, o sprecht, zu sei_nen

Bomb.

lü - ssen soll ihm mein heisser Dank be - gru - ssen Er ist euch

Freund. den Na - men muss ich euch ver -

schwei - gen kehrt er einst aus dem Krieg zu - rück.

cresc.

Ther

O welch ein Glück!

so wird dies Kreuz ihm euch be - zeu - gen.

fp

O welch ein Glück! Nun bist du heu - te noch mein

Christ.

eigen Verbirgt er sich auch mei _ nem Blick. mein Herz ist

poco a poco cresc.

Colas.

doch dem Ed _ len ei _ _ gen. Dem Frem _ den weihst du dein Ge _

p

Christ.

schick. Sollt' ich zö _ gern, sollt' ich fra _ gen.

Kann er _ _ wo kei _ ne Lie _ be beut, kann er _

f

_ für mich sein Le _ ben wa _ gen. sei auch das mei _ ne

(mit Begeisterung)
ihm ge - weiht
Schaut hin das
Kreuz.
in sei - ne Hand
legt es als mei - nes Schwu - res Pfand.
Be - schütz ihn Gott!
Kehrt er zu - rück,
so greif ich freu -

Bomb.

dig sein. Ge schick. In sei nen

Na men nehm ich's an. und seid ge

trost, er ist ein Eh ren mann! Und nun seid lustig lie be

Allegro.

Leu te, und feiert eu re Hochzeit heu te.

Ther.

Her bei ihr Mäd chen, all her bei, ver nehmt mein Glück.

Co_las ist frei! Ge_schwind den Strauss, den Hoch_zeits_kranz, ihr Mäd_chen

CHOR der Mädchen.

schlingt den Hoch_zeits_tanz. Her_bei ihr Leut_chen, all__her_bei. The_

re__se freit. Co_las ist frei, ge_schwind den Strauss, den Hoch__zeits_

Ther.

kranz, und fliegt zum lust'_gen Hoch_zeits_tanz. Her_bei ihr Mäd_chen,

CHOR der Mädchen.   **Ther.**

all her_bei! Her_bei ihr Leut_chen, all__her_bei! Ver_

CHOR.
nehmt mein Glück. Co_las ist frei! The_re _ se freit, Co_
Ther.
Her_bei ihr Mäd_chen, all _ her_bei, ver_nehmt mein
las ist frei, her_bei ihr Leut_chen, all her_bei, The_re _ se
Glück. Co_las ist frei, ge_schwind den Strauss, den Hoch_zeits_kranz, ihr
freit, Co_las ist frei, ge_schwind den Strauss, den Hoch_zeits_kranz, und
Mäd _ chen schlingt den Hoch _ zeits _ tanz
fliegt zum lust' _ gen Hoch _ zeits _ tanz.

(Trommelwirbel)
Bomb.
poco più mosso
string.
dim.
Ich kann die
p.
f
Braut nicht en - ga - gi - - ren, die Trommel ruft,
ich muss mar - schi - - ren.
Doch ford'r ich
als ver - dien - ten Lohn, par - don, den Ab - schieds - kuss für

(küsst Therese)
Bom - bar - don.
(zu Christine salutirend)
Mademoi - selle ich grü - - sse
pp
Moderato Die ♩ so schnell wie vorher die 𝅗𝅥.
Christ.
Bringt mei - nen Gruss dem un - be - kann - ten Ret - ter, sagt ihm, ins
Bomb
Sie
mf
wil - de Schlachtenwet - ter be - glei - te ihn Christinens Se - gens - flehen.
f
pp
Allegro moderato.
Bomb.
Horch! Schon marschirt die Compagnie.
CHOR der Soldaten (hinter der Scene)
Ten. pp
plan
Bass. Plan, plan, plan. plan, plan, rataplan. plan plan, plan. rataplan.
pp

Marsch, kehrt!
Lebt wohl auf Wie - dersehn!
mf
ff
plan plan plan plan plan ra_ta_plan plan plan plan ra_taplan Auf zum
mf
(ziehen vorüber)
Kampf! Auf zum Sieg! Fro_hen Muth's zie_hen wir in den Krieg! Auf zum
Kampf! Auf zum Sieg! Fro_hen Muth's ziehen wir in den Krieg, in den Krieg! Nur
wer im Kam_pfe mu_thig stritt, der bringt des Sieges Lorbeer mit Ruf. Auf zum
Kampf! Auf zum Sieg! Fro_hen Muth's zie_hen wir in den Krieg, in den

Bomb. (auf dem Hügel)
Krieg! Lebt wohl, ihr Mäd - chen hold und
fein. Leb wohl du Braut im Hoch - zeits -
Christ.
Könnt' ich ihn se - hen.
Colas.
Ther.
Rasch lie - be Gä - ste. Rasch lie - be Gä - ste
Bomb.
kran - ze, und wird der Sieg er - run - gen sein, dann
Christ.
ach ihn er - spä - hen mein, hei - sses
Ther.
zum Hochzeitsfe - ste, es war - tet der
Colas.
zum Hochzeits - fe - ste! Es war - tet der
Bomb.
kom - men auch wir zum Tan - ze und wird der Sieg er -
cresc.

Fle - hen folgt ihm zum Streit.

Mai - re, es war - tet der Maire schon, 's ist höch - ste Zeit, es

Mai - re, es war - tet der Maire schon, 's ist höch - ste Zeit, es

ron - gen sein, dann kom - men auch wir zum Tan - ze

mein hei - sses Fle - hen folgt ihm zum Streit.

war - tet der Maire schon, 's ist höch - ste, höch - ste Zeit.

war - tet der Maire schon, 's ist höch - ste, höch - ste Zeit.

(marschirt mit)

dann kom - men auch wir zum Tanz.

CHOR der Soldaten.

ff

Auf zum Kampf! Auf zum

Christ.
Ach — könnt' ich ihn
Colas.
Rasch lie_be Gä_ste,
Sieg Fro_hen Muth's zie_hen wir in den Krieg! Auf zum
dimin. poco a poco
Ther. (zu Christine)
sehn. Dir dan_ken wir den
rasch lie_be Gä_ste,
Kampf, auf zum Sieg, fro_hen Muth's zie_hen wir in den Krieg, in den
Christ.
Fe_stesglanz. Könnt' ich ihn sehn, ach —
zum Hochzeitsfe_ste
sempre dim.
Krieg. Nur — wer im Kam_pfe mu_thig stritt, der
sempre dimin.

Ther.

ihn er späh'n   auf zum Kampf! Auf!

bringt des Sie-ges Lor-beer mit! Auf.   auf zum

Ther.

schmücke dich   zum Hoch - zeits - tanz!

Colas.

Rasch'lie-be Gä-ste

Kampf!   Fro-hen Muth's zie-hen wir in den Krieg in den Krieg.

Animato. (Aufzug von Musikanten.)
CHOR der Soldaten (hinter der Scene).

Plan, plan, plan,   plan, plan, ra-ta-plan, plan, plan, plan,

rata_plan.

ra - ta - plan, plan, plan, plan,   plan, plan, ra-ta-plan, plan, plan, plan,

rata_plan.
ra _ ta _ plan, plan. plan, ra _ ta _ plan, plan. plan.
pp
(hinter der Scene)
ra _ ta _ plan, plan, plan, plan, rataplan, plan, plan, plan,
mf
pp
Presto.
Allgemeiner Tanz. (Schnell-Walzer).
plan.
CHOR der Bauern u. Bäuerinnen.
Auf zum Tanz!
Presto.

Die Flö - te tönt, der Brumm - bass
semprc f
klingt
Es klin - gen froh die
Der Brumm - bass klingt.
Gei - gen.
animato
die Flö - te
Der Brumm - bass klingt.
animato
tönt, die Flö - te tönt, der Brumm - bass klingt, es klin - gen

Gei - gen, es klin - gen froh die Gei - gen, ihr Bur - sche auf,

ihr Bur - sche auf, die Mäd - chen schwingt, tanzt frisch zum Rei - gen, tanzt

frisch zum Hoch - zeits - rei - gen, die Flö - te tönt, der Brumm - bass

klingt, es klin - gen froh die Gei - gen, ihr Bur - sche

auf. die Mäd - chen schwingt, tanzt frisch zum Hoch - zeits - rei -

gen. Die Flö - te tönt, die Flö - te tönt, der Brummbass klingt es

klin - gen Gei - gen, es klin - gen froh die Gei - gen. Ihr

Bur - sche auf, ihr Bur - sche auf, die Mäd - chen schwingt, tanzt frisch zum Rei_gen. tanzt frisch zum Hoch_zeits_rei_gen.

Bur_sche auf. die Mäd_chen schwingt.

Tanzt zum Hoch_zeits_rei_gen.

Tanzt. tanzt. tanzt. tanzt, tanzt.

Tanzt zum Hoch-zeits - rei - gen. Tanzt- tanzt!

Tanzt! Tanzt!

Tanzt frisch!

Tanzt! Tanzt!

(Die Paare tanzen ...)

Tanzt frisch, die Flö _ te

tönt, _ die Flö_te tönt, der Brummbass klingt, es klin _ gen Gei _ gen, es

klin _ gen froh die Gei _ gen, ihr Bur _ sche auf, _ ihr Bur_sche auf, die

Mäd _ chen schwingt, tanzt frisch zum Rei _ gen, tanzt frisch zum Hoch_zeits_rei _ gen.

Es ist Abend geworden.
CHOR der Soldaten (hinter der Scene)
Bässe.

Plan, plan, ra-ta-plan, plan, plan, plan, plan.

Ruhig.
Gont. hinter der Scene

plan, ra-ta-plan, plan, plan, plan. Va-ter-land,

Christine.

Horch!

Hei-mathland du siehst mich schei-den.

Grab mei-ner Lei-den. Wie geder Freu - den fahr wohl. _ fahr wohl. _

fahr wohl. _

fahr _____ wohl,

Christ.

Leb _____ wohl! _____ (Der Vorhang fällt)

rit.

Ende des ersten Akts

ZWEITER ACT.

Nº 8. Introduction.

Molto moderato.

PIANO.

11360

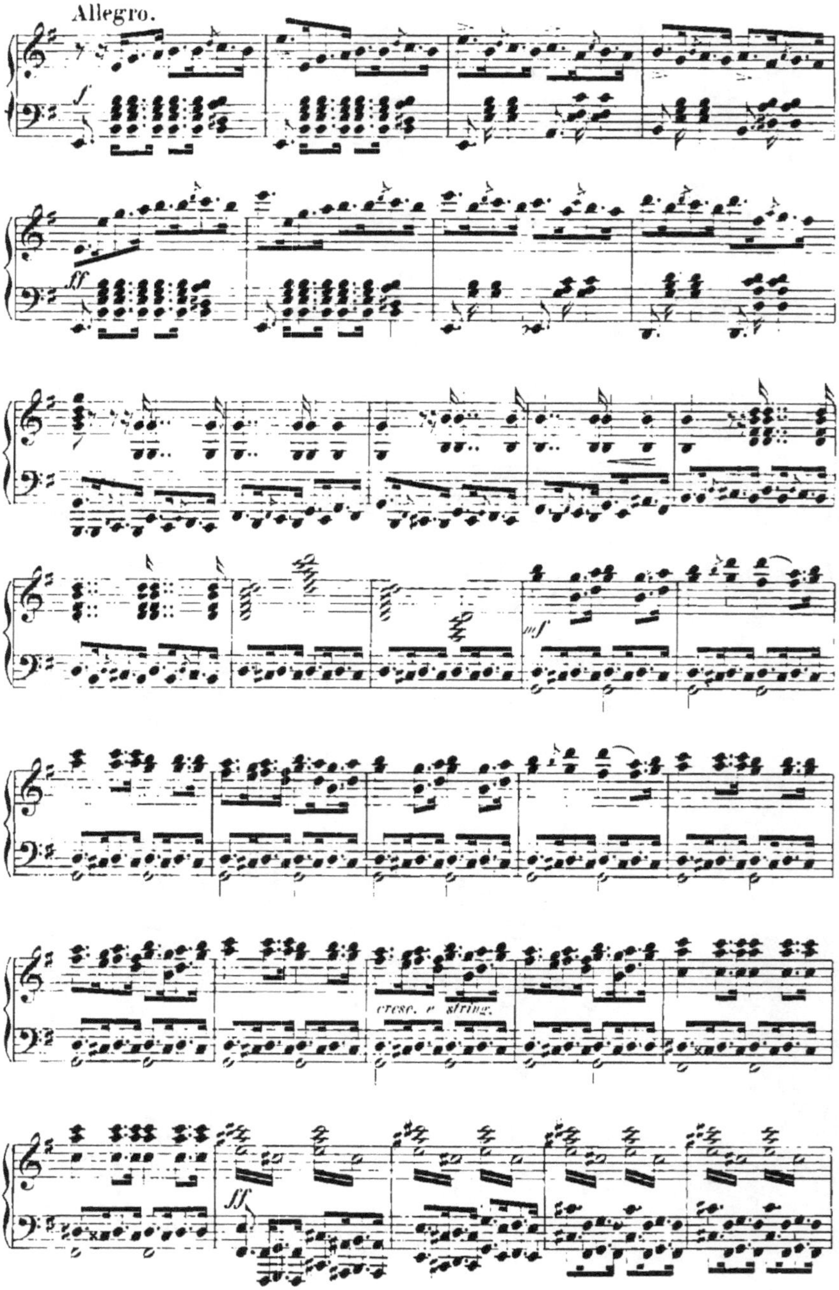
Allegro.
f
ff
mf
cresc. e string.
ff

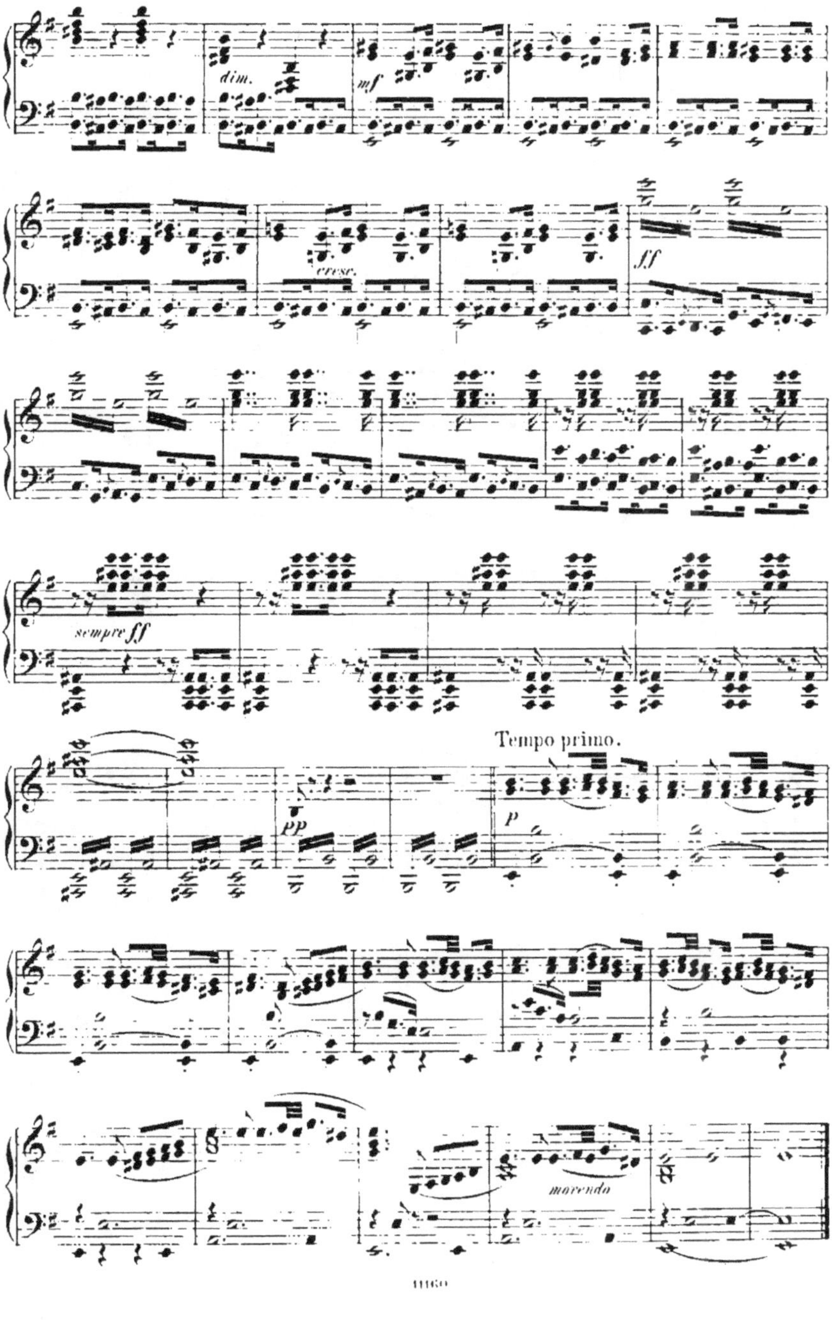
dim.
mf
cresc.
ff
sempre ff
pp
Tempo primo.
p
morendo

(Der Vorhang geht auf, dieselbe Decoration. Gegen Abend. Auf der Bank NICOLAS, eine Pfeife rauchend, eine
Soldatenmütze auf dem Kopfe, den linken Arm in der Schlinge. Aus dem Keller kommt THERESE, einen Korb
mit Flaschen tragend.)

N⁰ 9. Duett.

Moderato.

Therese.

Schau, schau, mein Männchen

ruht sich aus, und raucht die lan-ge Pfei - fe, in-des - sen ich in Hof und Haus, nach

al-ler Ar-beit grei - fe, man freut sich auf die Eh', o jeh', da rückt der Mann in's

Therese.

Feld, o weh! Und schliesst man end-lich Frie - den hat man 'den In - va - li - den

Colas.

Mein

lie - bes Weibchen hab' Geduld und lass mich aus - ku - ri - ren, mein Hel - denmuth war
da-ran schuld, er trieb mich zu mar - schi - ren. Der Feind zog sieg-reich an, o weh! Da
schoss mir's in den Kopf, o jeh! mit unsern Gre - na - di - ren den Feind zu mas - sa -
Therese.
Colas.
Dass Gott! Und in der er - sten Schlacht hat
cri - ren, den Feind zu mas - sa - cri - ren.
Therese.
Colas.
man bei - nah dich um - gebracht. Bei - na - he war's um mich geschehn.

animato

Ein Held muss kühn in's Feu - er gehn, voll Muth, voll Muth, und voll Ver -

trau - en, al - lein mein wack'rer Capi - tain hat mich hinaus ge -

hau - en, er trug mich fort, mit küh-nem

Therese.

rit.

Colas.

Und traf den Treuen

Griff, da hinter - her ein Kugel - pfiff. piff! Er

Colas.

fiel. Da stand ich hurtig auf lud ihn auf mei - ne Schul - ter auf und trug ihn aus den Reihn. _____ Der

Therese.

Colas.

Und seid nun Bei de

Krieg war aus, ich nahm ihn mit

In- va - lid

Was das be-trifft mein Weibchen nun! Der Arm muss in der

Colas.

Schlinge ruhn, Allein der Mund ist noch ge - sund _____ und kann noch sei-ne Arbeit

thun. Ich kann noch scherzen, kann noch küssen, und dich mit diesem Arm um-

Therese.

schlie - ssen. Ja Gott sei Dank, der Krieg ist aus, und

Frie den ist in Land und Haus so lang mein Männchen brav und gut dem Weibchen stets den

Therese.

Wil - len thut. **Colas.**

So lang mein Weib-chen brav und gut dem Männchen stets den Wil - len thut.

In gleichem Schritt und Takt marschirt, zu kei - ner An - dern a - vancirt.

Im Hin - ter -

pp

Und kommt ein - mal wer

halt nie in - tri - guirt, nicht ma - ro - dirt und de - ser - tirt.

weiss, ob je! ein klein Scharmützel in die Eh', dann au-genblick-lich Friedensschluss be-

Dann au-genblick-lich Friedensschluss be-

siegelt mit dem Freundschaftskuss. Dann augenblick-lich Frie-densschluss besiegelt mit dem Freundschafts-

siegelt mit dem Freundschaftskuss. Dann augenblick-lich Frie-densschluss besiegelt mit dem Freundschafts-

kuss. Schau Männchen das ist gu-te Eh', schau Männchen das ist gu-te Eh' so prosperirt, so

kuss. Schau Weibchen das ist gu-te Eh', schau Weibchen das ist gu-te Eh' so prosperirt, so

prosperirt die klei - ne, klei - ne Ar-mee.

prosperirt die klei - ne, klei - ne Ar-mee.

N⁰ 9ᵃ Arie der Therese.

Therese. Allegro moderato.

Män - ner, die muss man sich dressir'n und wie Sol - da - ten e - xer - cirn dass auf Com - man - do sie mar-schiren, Halt! Vor-wärts! Schultert! Präsentirt! So wie der Hauptmann com-man-dirt. Die Män - ner muss man sich dres - si - ren und wie Sol - da - ten e - xer - ci - ren. Halt! Vor-wärts! Schultert! Präsentirt! So wie der Hauptmann commandirt.

Eigenthum der Verleger. 11619 Berlin, Ed. Bote & G. Bock.

Der Mei-ne war die be-ste Seele, in ihm kein

böser Tropfen Blut, ein Mut-tersöhn-chen oh - ne Fehle, nur Ei-nes fehlte ihm: Der

Muth.

Da haucht' ich ihm Coura-ge ein, ich lehrte

Ossia

Ihn ein Held zu

ihn ein Held zu sein.

Ja ja!

Ah!

Männer, die muss man sich dressir'n

und wie Sol - da - ten e - xer-cirn, dass auf Com - man - do sie mar-schi - ren,

Halt! Vor - wärts! Schultert! Prä-sen-tirt! so wie der

Hauptmann com - man - dirt. Ein Held_____ ist er zu-rück ge-

kom - men, zu viel Cou - ra - ge-bracht' er mit, er

hät - te leicht_____ sich ü-bernommen, wenn es sein klu-ges Weibchen litt! Nein,

ᅟ

Poco più mosso.

nein! das will mir nicht be - ha - gen, ihr Herrn, die ihr euch Hel-den deucht, die

Fein - de habt ihr oft ge - schla - gen, ein Weib besiegt man nicht so leicht.— Mit

Schmeicheln und — mit Ca - jo - li - ren be -

siegt man Euch — ganz sanft und still, du

magst mir im - mer com-man-di - ren, du tanzest den - noch,wie ich will, ja den - noch, wie ich will. Ja, ja!

Ah! Ah!

Män - ner die

muss man sich dres-si - ren. Halt! Vor - wärts! Schultert! Prä - sen-tirt!

so wie der Haupt_mann com - man-dirt. Die Män - ner muss man sich dres -

si - ren und wie Sol - da - ten e - xer - ci - ren.

Halt! Vor - wärts! Schul.tert! Prä-sen.tirt! So wie der

animato.

Haupt.mann com.man.dirt, so wie er commandirt. Ja

ah ah

ah ah ja. ja!

Nº 10. Romanze.

Moderato. Goutran.

Nein, nein, ich will ihr Herz nicht
zwingen, kein O-pfer fordern ih-rer Pflicht, nein, nein, ich will ihr Herz nicht
zwingen, kein O-pfer for-dern ih - rer Pflicht. kann mir das Höch-ste nicht ge-
lin - gen,der Hol-den Lie-be zu er-rin - gen, so fordr ich ih-re Hand auch
nicht. so fordr' ich ih-re Hand auch nicht. Die

Lie - be schwebt auf lei - nen Schwingen wie Blu-men duft und Sonnen-licht, wann

ih - rer See - le Sai - ten klin - gen, ihr Mund das sü - sse Wort mir

spricht. dann werd ich se - lig sie um - schlin - gen ihr

sa - gen, den dein Herz er - kor, Er ist den dei - ne Pflicht einst

schwor. doch wenn sie schweigt, kalt von mir weicht mich

hasst vielleicht dann nein! nein ich will ihr Herz nicht zwingen, kein O - pfer fordern ih - rer

Pflicht, nein, nein ich will ihr Herz nicht zwingen, kein Opfer for - dern ih - rer

Pflicht, kann ich nicht ih - re Lieb' er - rin - gen ent - flieh' ich die - ses Zau - bers

Schlin - gen, ob auch mein Herz da - rü - ber bricht, ob auch mein Herz da - rü - ber

bricht, ob auch mein Herz da - rüber bricht.

Nº 11. Quatuor.

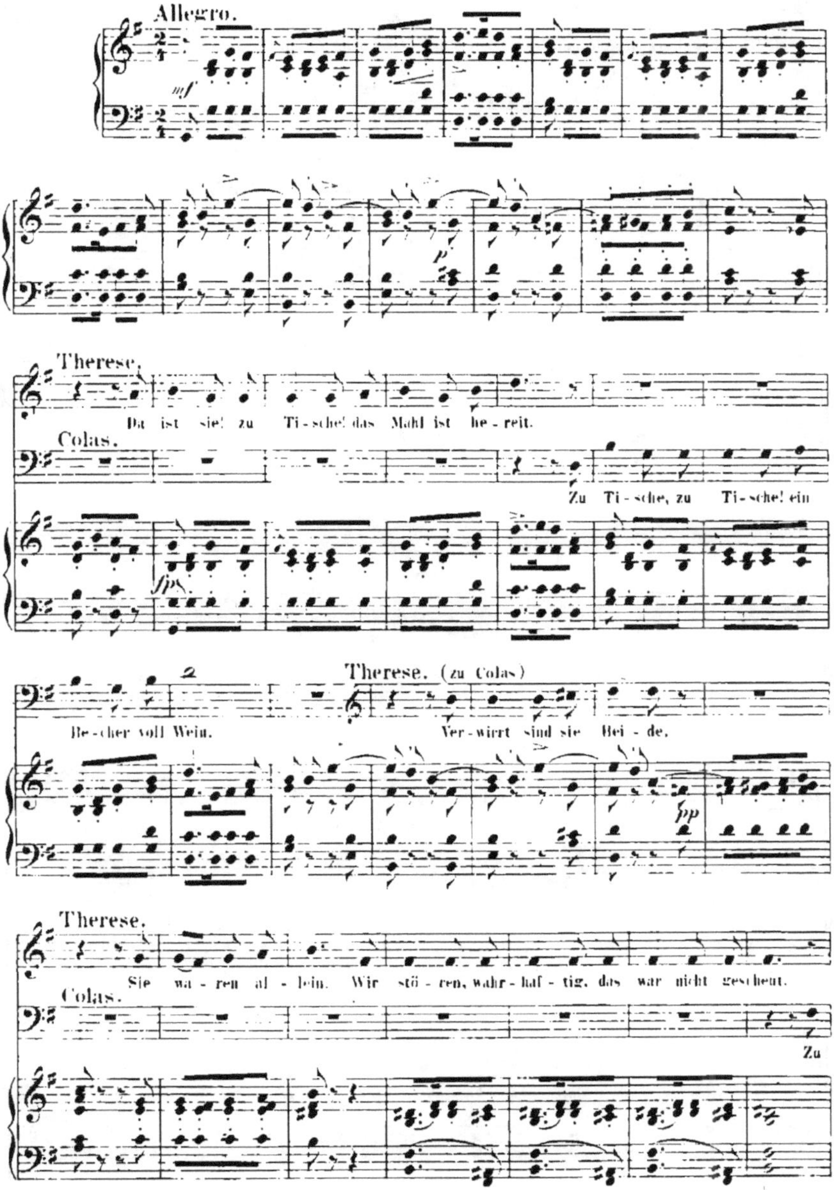

4463

rit.
Ti - sche, Herr Hauptmann, es war - tet das Mahl, auf eu - re Ge - nesung füll'
Ich den Po - kal.
Allegretto moderato.
(Setzen sich.)
Gontran.
Wie lieb - lich ist's beim fro - hen Mahl, das trau - te Freundschaft
rit.
a tempo
uns kredenzt. Wenn klar im ho - hen Glas - po - kal, der gold' - ne Saft der
rit.
a tempo

Christine.
Stosst an, das klingt so hel - le, wie Glöck-lein der Ka-pel - le, kling,
Therese.
Stosst an, das klingt so hel - le, wie Glöck-lein der Ka-pel - le, kling,
Gontran.
Re ne glänzt.
Colas.
Stosst an, stosst an, das klingt so hell, wie Glöck-lein der Ka-pel - le,
klang, kling,klang, das was wir lieben, le be lang,kling,klang, kling,klang, das
klang, kling,klang, das was wir lieben, le-be lang,kling,klang, kling,klang, das
kling,klang, kling,klang,das was wir lieben, le-be lang, kling,klang, kling,klang,das
kling,klang, kling,klang,das was wir lieben, le-be lang, kling,klang, kling,klang,das
was wir lie-ben le-be lang,kling,klang,kling,klang,kling,klang,kling,klang,kling,klang,kling,klang,kling,
was wir lie-ben le-be lang,kling,klang,kling,klang,kling,klang,kling,klang,kling,klang,kling,klang,kling,
was wir lie-ben le-be lang, das was wir lie-ben, es
was wir lie-ben le-be lang,kling,klang,kling,klang,kling,klang,kling,klang,kling,klang,kling,klang,kling,

klang, kling, klang.

klang, kling, klang.

le - be lang.

klang, kling, klang.

Goutran. (zu Christine)

dolce

Darf diesem Trinkspruch ich vertrau-en kredenz ich ihnen den Pokal, es ist die Lie-be

hol-der Frau-en des Le-bens rein - ster Sonnenstrahl, durch dich ward ich nach lan-gen Lei-den zu

diesem Glau - ben neu bekehrt, der Glück - li-che ist zu benei-den. der

p rit.
Therese.
Mäd-chen dei-ner Lie-be werth. Colas.
Hör was sie sagt, still, schweige
Wie ein Sol dat, grad auf's Ziel.
f
pp
Christine.
Therese.
Wenn Sie der Lie-be neu vertrauen, er-füllt es auch mein Herz mit Glück, ge-
still!
Christine.
wiss die e-delste der Frau-en ist werth zu thei-len Ihr Geschick; die
Freundschaft, die mich treu-be-seelt, ich will sie ihr wie Ih-nen weih'n, und
pp
die zum Gat-ten Sie erwäh-let sie soll mir ei-ne Schwester sein.
pp
Ped.
Ped.

Allegro.

Colas. O-ho The-re-se wie mir scheint, so hat's der Hauptmann

Therese.

Colas. Sei still,du Schwätzer, sprich kein Wort du siehst er nicht ge-meint.

geht vom Ti-sche fort.

Christine. **Più mosso.** Ihr zürnt.

Gontran. O nein.

Gontran. Die Mahl-zeit harrt! Ge-nie-ssen wir die Ge-genwart.

Allegretto moderato.

Wie lieb-lich ist's beim fro-hen Mahl, das trau-te Freundschaft uns kredenzt. Wenn klar im ho-hen Glas-po-kal, der gold'ne Saft der Re-be glänzt.

Christine.
Therese.
Goutran.
Colas.

an, das klingt so hel - le, wie Glöcklein der Ka-pel-le, kling,klang, kling,

an, das klingt so hel - le, wie Glöcklein der Ka-pel-le, kling,klang, kling,

kling,klang,

an, stosst an, das klingt so hell, wie Glöcklein der Ka-pel-le, kling,klang,

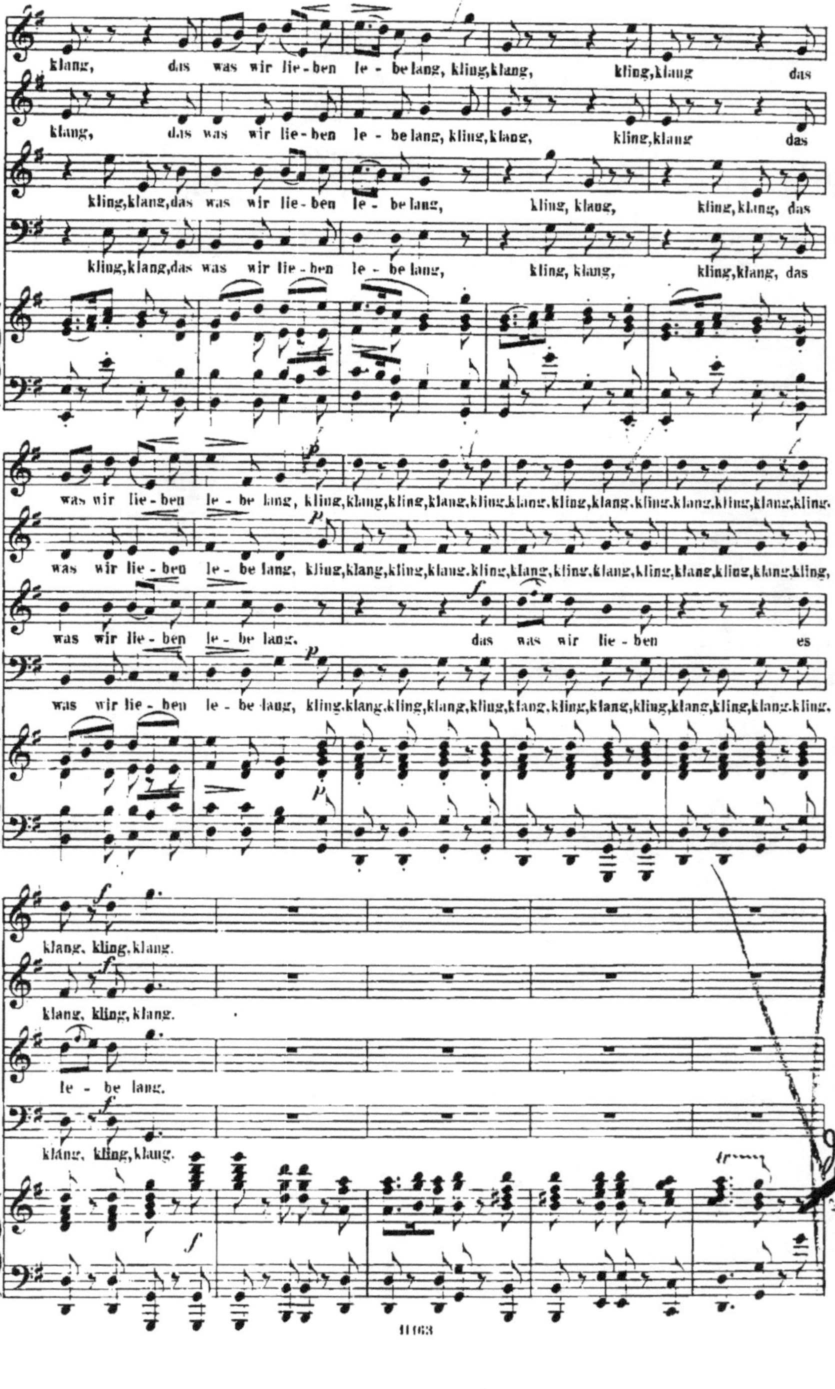

Gontran.
Das
Moderato.
letzte Glas ich bring es aus als Abschiedsgruss, dem lie-ben Haus das mich gepflegt mit treuem
p
Therese.
Als Abschiedsgruss? wo denkt ihr hin!
Gontran.
Sinn, mit treu-em Sinn. Dank sei es Euch, ich bin ge-
Colas.
Als Abschiedsgruss? wo denkt ihr hin!
p
Gontran.
nesen, nichts hält mich länger hier zu-rück, wo ich so glücklich, ach ge-wesen den

Therese.
agitato
Muss es wirk - lichsein?

Gontran.
Abschiedstrunk auf Euer Glück The - re - se.
Co - las!

Colas.
Ich

agitato

Gontran.
Ich muss nun wohl von hin - nen gehn Chri - sti - ne!

Colas.
dahl es nicht, nein, nein!

p

Allegretto.
(Sie will anstossen, das Glas entfällt ihrer Hand.)

Christine. Gott!
(reicht ihr das Glas.)

Gontran. Auf Wie-der-se-hen!

pp

Poco meno mosso.
Therese.
Sie wankt und bebt! Ihr Schweigen spricht. Gottlob nun ist das Eis ge - bro - chen,

du siehst There - - - se täuscht sich nicht, sie hat's gemerkt seit vie-len
Christine.
Sei stark mein Herz, ver -
Therese.
Wo-chen, sie hat's gemerkt seit vielen Wo-chen, sie wankt, sie bebt.
Gontran.
Wie schlägt mein Herz.
Colas.
Sie wankt, sie bebt,
rath dich nicht, halt es zu-rück dein stur - misch
ihr Schwei - gen spricht, Gott - lob nun ist das Eis ge -
wie schlägt mein Herz, wie Sonnen-licht durch nächt-li-ches Ge -
sie wankt, sie bebt. ihr Schweigen bricht das Abschieds -

Po - chen gedenk des Schwur's, ge - denk der Pflicht. Vergiss es
bro - chen du siehst The - re - se täuscht sich nicht, sie hat's ge-
wölk durch-brochen strahlt aus dem hol-den An - ge-sicht. Be - kennt - niss
wort, das er gespro - chen nein, länger wie-dersteht sie nicht nein, länger nicht, Gott lob nun
nicht, du bist ver-spro - chen, sei stark mein Herz verrath dich
merkt seit vie-len Wo - chen, sie wankt und bebt. ihr Schweigen
mir un-aus-ge-spro - chen, wie
ist das Eis ge-bro - chen, sie wankt, sie bebt, ihr
nicht, ver - rath dich nicht, halt es zu-rück, dein stür-misch
spricht Gott lob nun ist das Eis ge - bro - chen, du siehst There -
schlägt mein Herz, wie schlägt mein Herz, wie Son - - - nen -
Schwei - gen bricht das Ab - schiedswort, ihr Schweigen bricht das Abschiedswort, das er ge-

Po - chen gedenk des Schwur's, ge - denk der Pflicht, halt es zu-
- se täuscht sich nicht. sie hat's gemerkt seit vie-len Wo - chen, sie
licht strahlt aus dem hol - den An - ge - sicht Bekennt - niss
spro - chen. nein, län - ger wie - dersteht sie nicht, Gott lob nun
animato
rück dein stür - misch Po - chen. Schliess deine Wonnen in dich
hat's gemerkt seit vielen Wo - chen. Du siehst The - re - se
mir un - aus - ge - spro - chen. Wie Engelsstimmen klar und rein ruft es mir
ist das Eis ge - bro - chen. Nein län - ger wi - der - steht sie nicht. nein,
ein, Gott stär - ke dich, ach es kann nicht sein,
täuscht sich nicht, du siehst The -
zu, ihr Herz ist dein, wie En - gels - stim - men klar und
län - ger wi - der - steht sie nicht nein. län - ger wi - der -

schliess deine Wonnen in dich ein. Gott stär-ke dich, es darf nicht sein, es darf nicht sein,
re - se Güscht sich nicht, komm,
rein ruft es mir zu, ihr Herz ist dein.
steht sie nicht, nein län - ger nicht.
dim.
pp
p
schliess dei - ne Wonnen in dich ein, Gott
komm, am besten wird es sein, wir lassen jetzt die zwei allein. Komm, komm am besten wird es sein, wir
Wie En - gelstimmen klar und rein ruft
Mir scheint am besten wird es sein, wir
sempre f
stär-ke dich, es darf nicht sein.
las-sen jetzt die zwei al - lein. (ab.)
sempre p
es mir zu ihr Herz ist dein.
lassen jetzt die zwei al-lein. (ab.)

11163

Nº 12. Scene. Duett.

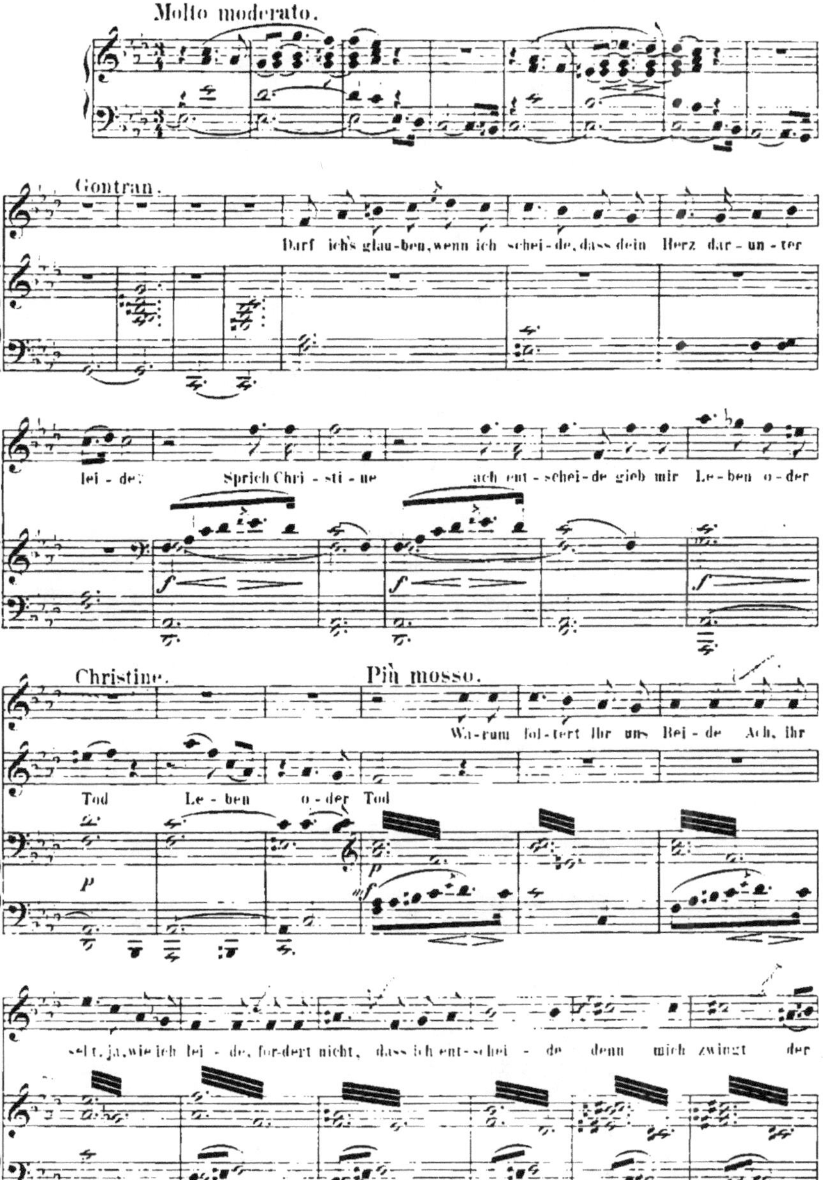

Pflicht Ge - bot. **Gontran.** Ich darf's nicht fra-gen ... Ew-ge Huld

Doch dein Herz? Es ver-rieht — dich

Molto moderato.
Goutran.

Lass es an das mei-ne schla-gen ... Lass mich dich durch's Le - ben

tra-gen ... Was mir dei - ne Bli - cke sa-gen

Sprich es aus ... Du liebst mich ... Was mir dei-ne Bli-cke

Christine.

Ja

sa-gen ... Sprich es aus, Du liebst mich ... Wel-che Won - - - ne, ha, was hör' ich!

Più mosso.

Christine.
Dir ge - hör' ich, Dir ge - hör' ich seit dem Tag da ich dich

sah Dir ge - hör' ich Dir ge - hör' ich seit dem Tag

Goutran.
Wel - che Won - ne, welch' Ent - zü - cken!

da ich dich sah. Nein, Ich kann es nicht er - sti - cken

Wel - che Won - ne, wel - che Won - ne, welch' Ent -

Was das Herz mir flam-mend schwellt Nein, ich kann es nicht er -

zü - cken Lass an mei - ne Brust dich drü - cken

sti - cken   Was das Herz mir flam-mend schwellt.

Lass an mei-ne Brust dich drü-cken   Mei - ne Braut.

Allegro.

O Herr der Welt

Du ent - flieht mir.

ff   dim.

Recit.
Christine.   **Andante.**

Fort eit-le Schwä-che, ob auch das Herz mir blu-tend bre-che   Grau - sa - mer durch

p

pp

dei - ne Schuld   Muss ich nicht? treulos bin ich meiner Pflicht.

Du ver-klagst mich?

agitato.

in dies stil-le Haus ge-bracht. Und seit dem ich dich ge-fun - den

blut' ich selbst aus bit-tern Wun - - den. Ich ver-gass das ich ge-bun - - den

e-lend e-lend hast du mich ge-macht.

Um dich zwei - - fach zu be- ghi-cken mit Ver-

11195

trau-en mit Ent-zü-cken dich__ an die-ses Herz zu drü-cken, hat der Him-mel mich ge-

sandt, hat der Him-mel mich ge-sandt,___ hol-des Bild der hol-den Treu-e

Du ver-lobst dich mir aufs Neu - - e oh-ne Kampf und oh-ne Reu-e reich mir die ge-lieb-te

Christine.

Gott wie fass' ich das.

stringendo

Hand. Der hier, einst von dei-nem Flehn be-wo- - -

gen für den Bru-der fort ge-zo - - gen Er steht vor

rit.

Presto. Christine.
Ihr ist's Wahr-heit, was ich hö - - re,
Dir.
Ihr sein Ret - - - ter
Ja ich schwö - -
Molto moderato.
Ist es kein Traum? Dein auf e - wig
re! Jetzt bist Du mein
e - wig Dein e - - - - wig e - - wig
dim.

Allegro.

Dein!

Wel - - che Won - - ne, welch' Ent-zü - - cken, frei, er-löst von

pp

je - - der Pflicht darf ich dich an's Herz nun drü - - cken

Christine.

Wel - - che Won - - ne,

Du bist mein, mein Le - - bens-licht.

welch' Ent-zü - - cken, frei, er - löst von je-der Pflicht,

Wel - che Won - ne, welch' Ent-zü - cken frei, er-löst von
Gontran.
Wel - che Won - ne, welch' Ent-zü - cken frei, er-löst von
f
je - der Pflicht darf ich dich an's Herz nun drü - cken.
je - der Pflicht darf ich dich an's Herz nun drü - cken.
Mein bist du, mein Le-bens-licht! Mein Le - bens - licht! Wel - che Won-ne
Mein bist du, mein Le-bens-licht! Mein Le - bens - licht.
welch' Ent-zü-cken frei er-löst von je-der Pflicht Mein bist du o Se - lig -
Wel - che Won-ne welch' Ent-zü-cken Mein bist du o Se - lig -
p dolce

keit,   mein   bist   du,_____   o _____

keit,   mein,   mein   bist   du,_____   o _____

Se - - - - - lig - keit!

Se - - - - - lig - keit!

Allegro.   (hinter der Scene.)

Nº 13. Lied.

Allegro moderato.

Bombardon.

Wie an-ders war es als vor we-nig Jah-ren

die stol-ze Trup-pe aus-zog aus Pa-ris! Mit Blu-men-krän-zen grüss-te man die Schaa-ren;

mit Ju-bel der den sich-ren Sieg ver-hiess Das

Glück des Kriegs hat ge-gen uns ent-schie-den, doch die Ar-mee hat ih-re Pflicht ge-than, die

Hälf - te fiel, der Rest sind In - va - li - - - den, Je - nun man trägt,

was man nicht än-dern kann, je - nun man trägt, was man nicht än - dern

kann!

Ich schlug mich brav, das darf ich sel-ber sa - gen, ich stand beim Ad-ler in den

er-sten Reihn, der Ad-ler ward von ei-nem Blitz er-schla - gen und ei-ne Ku-gel traf mir ach das Bein! Es hielt nicht aus, ver-

wun - det vie - le Ma - le zer - split - tert sanks, ich sah es traurig an, und

trug es sel - ber fort zum Hos - pi - ta - - - - le Je-nun, man trägt,

was man nicht än-dern kann je - nun man trägt, was man nicht än - dern

kann! Ich

war ein schö - ner Kerl, trotz mei - ner Jah - re, die Wei - ber hat - tens auf mich

ab - ge - sehn. Der stram - me Gang, die un - ge - bleich - ten Haa - re,

ich nahm im Sturm nichts konn - te wie - der - stehn. Auch

jetzt hat sich mein Herz noch nicht be - schie - den, Al - lein die Wei - ber wol-len ei-nen Mann, mit-lei-dig schaun sie auf den In-va-lie - - - den, Je-

non man trägt, was man nicht än-dern kann! je-

non man trägt, was man nicht än dern kann!

Nº 14. Finale.

Molto moderato.
Christine.
f
p
Es ist das Kreuz, das Pfand das ich ge - geben, und dies - ser
bringt es mir zu - rück, durch meine Seele zuckt ein schmerzlich Beben, o
un - er-bitt - liches Ge - schick, es ist das Kreuz, das Pfand das ich ge -
Christine.
ge - ben, es ist das Kreuz, und die - ser
Therese.
Es ist ihr Kreuz, was werden wir er - le - ben, der star - re
Colas.
Es ist ihr Kreuz, was werden wir er - le - ben, der star - re
Bombardon.
Es

bringt es mir zu - rück.
Sinn weicht nicht zu - rück.
Sinn weicht nicht zu - rück.
ist das Kreuz, — es ist das Kreuz, das ihr als Pfad ge-
es ist das
ge - - hen, nehmt es aus meiner Hand zu-rück, es hängt da - ran ein treues wackres
Kreuz.
es ist das Kreuz durch meine
sie ists im
sie ists im
Le - - ben, nicht än - dern lässt sich das Ge - schick,
nicht

See - le zuckt ein schmerz - lich Be - ben, es ist das
Stand und giebt ihr jun - ges Leben als O - pfer hin, für un - ser Glück, sie ist's im
Stand und giebt ihr jun - ges Leben als O - pfer hin, für un - ser Glück, sie ist's im
än - dern lässt sich das Ge - schick, es ist das
Kreuz, und die - - - - - ser bringt es mir zu-
Stand und giebt ihr jun - ges Le - - ben als O - pfer hin für un - - ser
Stand und giebt ihr jun - ges Le - - ben als O - pfer hin für un - - ser
Kreuz, das ihr als Pfand ge - ge - - ben, nicht än - dern lässt sich das Ge-
rück, es ist das Kreuz, das Pfand das ich ge - ge - ben, und die -
Glück, es ist ihr Kreuz, was wer - den wir er - le - ben, der
Glück, es ist das Kreuz, was wer - den wir er - le - ben, der
schick, es hängt da - ran ein treu - es wack - res Le - ben, nicht
ff
dim.
p

ritard.
- ser bringt es mir zu - rück. es ist das Kreuz! es ist das
star - re Sinn weicht nicht zu - rück. es ist das Kreuz! es ist das
star - re Sinn weicht nicht zu - rück. es ist das Kreuz! es ist das
än - dern lässt sich das Ge - schick, nicht ändern lässt sich das Geschick,
ritard.
Allegro.
Kreuz, das Kreuz!
Kreuz, das Kreuz!
Kreuz, das Kreuz!
nicht ändern lässt sich das Ge - schick!
(zu Christine.)
Wie ihr zaudert? Ja,
mf
ich dächte lie - ber dürft es euch schon sein, wenn es euch ein An - drer brächte,

Moderato.
Auf mein Flehen, auf mein Bitten, hat ein Braver sich entschlossen und für mich im Kampf gestritten, und für mich sein Blut vergossen, wer es sei mir einerlei meinem Schwure bleib ich treu!
Dieses Pfand.
Therese.
Sagt ich's nicht? Was fällt dir ein?
Colas.
Was fällt dir ein?
Bombardon.
p
f

ich lös es ein, meine Hand wird eu-re sein!

hal-te ein!

hal-te ein!

Bombardon.

ha ha ha ha ha ha dies Händchen mein? ha ha ha ha ha ha was fällt euch ein?

ha ha ha ha ha ha! Al - so drum das arge Ban - gen, das

trau-rige Gesicht, rei - zend wär' ein solch Verlangen, doch ein Mann thut seine

Therese.
Gott sei Dank,
Colas.
Gott sei Dank.
Bombardon.
Pflicht, der für euch in's Feld ge-gangen, Gott sei Dank, ich bin es nicht.
mf
ff
Molto moderato.
Wie ihr nicht?
er ist es nicht!
er ist es nicht!
Ein Kampf-genos-se jung und schön und euer
p
werth, der hier euer Flehn ge-hört, zog an

11166

eu - res Bru - ders Stel - le, doch zum himm - lischen Ap - pel - le
pp
Christine.
p
Todt?
Therese.
p
Todt?
Colas.
p
Todt?
Bombardon.
ist der Ed - le heim - ge-kehrt! Ja todt! ich sah ihn
p
sinken, und in der er - starr-ten Hand sah ich dieses Kreuz - lein
blinken, das ich nur zu gut ge - kannt, und ich nahm's aus sei - nen

Händen, um es euch zurück zu sen - den als ein Zei-chen dass ihr frei, eu - er
pp
Therese.
più mosso.
Moderato.
Hörst du, hörst du, du bist frei!
Colas.
Hörst du, hörst du, du bist frei!
Schwur gelöst nun sei!
Dass ihr euch so lang geduldet, glaubt
mf
p
Bombardon.
poco rit.
dass es mich selbst verdross, o - her ich hab's nicht verschul - det dass man mich zum Krüppel
a tempo
Christine.
Alle Zwei - fel sind vor - bei, hörst du Schwe-ster du bist frei! Nein, nein!
Alle Zwei - fel sind vor - bei, hörst du Schwe-ster du bist frei!
schoss!
mf
ff

Christine.

Die Treu die ich ge-schwo-ren halt ich ihm bis u-bers Grab!

Ei - nen hätt' ich mir er - ko - ren der mir Trag für Wahrheit gab.

In des Klo-sters ö - de Mau-ern nehm ich die - ses Kreuzlein

mit, um den Bra-ven zu be-trau-ern, der für mich den

Christine.

Tod er-litt! In des Klo-sters ö - de Mau-ern nehm ich

Colas.

Wahn - sinns Ele-ment, ich spü - re

11166

die - ses Kreuz-lein mit! um den Bra - ven zu be - trau - ern,

Bombardon.

wie sich das Herz mir em - pört! Wack - res Herz ich sa-lu - ti - re!

Christine.

der.... für mich den Tod er - litt!

Therese.

Schwester, Schwe-ster sol - che

Colas.

Wahn-sinn, Element; ich

Bombardon.

Wack - res Herz! Wack - res Herz ich sa - lu -

Du mein

Schwü - re hat der Him - mel nie er - hört. Schwe - ster,

spü - re wie sich mir das Herz em - pört. Wahn - sinn E-le-

ti - re! Sol - cher Tren - e war er werth. Wack - res

goldnes Kränz-lein zie - re, die dem Him -

Schwe - ster, sol - che Schwu - re hat der Him -

ment, ich spü-re wie sich mir das Herz empört, wie sich mir das

Herz! Ich sa - lu - ti - re! Sol - cher Treu -

- mel an-ge-hört.

- mel nie er - hört!

Herz em-pört, das Herz em-pört. Ich als Bru - der oppo-

- e war er werth!

Therese.

Colas. Schwesterweñ ichdichver-lie - re!

ni - re.

Bombardon.

Ich sa - lu - ti - re.

Andante.
Gontran hinter der Scene.
Lie-besglück, Lie-bestraum, Träume voller Wonne, ach nun zer-ron - nen,
pp
ach nun zer-ron - nen! Fahrt wohl, fahrt wohl! fahrt wohl! fahrt
wohl!
Christine.
Dieses Lied, wie ist mir, vernahm ich
Bombardon.
Ha welche Stimme, ha welcher Ton!
Christine.
(Gontran erscheint in Reisekleidern.)
schon an jenem Ta-ge!
Therese.
Der Ca-pi - tain!
Colas.
Der Ca-pi - tain!
Bombardon.
Wess ist die Stimme? Ich muss ihn sehn!

Therese.
Presto.
O was ich ahn - te, jetzt wird's mir klar!
Bombardon.
Ist's ei - ne Tau - - schung,
Presto.
ff
Mein Herz er-bebt!
a Tempo
Parlé: „Bombardon!
wie ist es wahr!
Steh, die Pa - ro - - - le?
Parlé: „Gontran!"
Mein Kamerad!"
Allegro assai.
Er lebt, er lebt, in meine Ar - - - - - me! ihr
Allegro assai.
Therese.
Er
Gontran.
Er - ret - tet aus dem Ge - fech - te,
Bombardon.
seid's, ihr lebt, ihr lebt!
Colas.
Er

selbst er ist es!

selbst er ist es!

Er ist's. der Rech - te. der Stellvertreter vom gold-nen Kreuz, da

Christine.

Gou - tran! Kannst du ver - zeihn?

Chri - sti - ne!

nehmt ihn wieder in Fleisch und Bein.

Allegro.
Goutran. (Chor tritt im Hintergrunde auf.)

Ich prei - se Gott, dass ich dich neu ge - fun - den, dich al - ler Treu - e, reinsten Edel-

stein. Bei die - sem Kreuz, das uns zu-erst ver-bun-den, schwör' ich dir zu, so treu wie Du zu

Christine.
Ich prei - se Gott, dass ich dich neu ge - fun - den, mein Herz du
Therese.
Dir Gott sei Dank, die Zwei-fel sind ge-schwun-den, und Glück und
Gontran.
sein. Ich prei - se Gott, dass ich dich neu ge - fun - den, dich al - ler
Colas.
Dir Gott sei Dank, die Zwei-fel sind ge-schwun-den, und Glück und
Bombardon.
er lebt, er lebt, er lebt, ich hab ihn neu ge - fun - den, das treu - ste
Sopran.
Alt.
CHOR.
Wir prei - sen Gott, nach ban-gen, schwe-ren Stun - den ziehn die Ge-
Tenor.
Bass.
Wir prei-sen Gott, nach ban - gen, schwe - ren Stun - den ziehn die Ge -
weisst es, schlug für dich al - lein. Dank Him-mel dir, du hast uns neu ver-
Freu - de zie-hen bei uns ein, ihr bleibt bei uns, des Le - bens spä - te
Treu - e rein-sten E - del- stein. Bei die-sem Kreuz, das uns zu-erst ver-
Freu - de zie-hen bei uns ein, ihr bleibt bei uns, des Le - bens spä - te
Herz nennt er auf e - wig sein, o nun verschmerz' ich al - le mei - ne
lieb - ten wie-der bei uns ein. O hei - le Him - mel bald des Krie-ges
lieb-ten wie-der bei uns ein. O hei-le Him - mel bald des Krie - ges

bun-den!
Mein bist du Theu-rer, e-wig
Stun-den.
Sollt ihr in uns-rer Mit-te
bun-den.
Schwör' ich dir zu, so treu wie
Stun-den.
Sollt ihr in uns-rer Mit-te
Wun-den.
Und tanzen will ich selbst auf
Wun-den, dass wir uns lang des goldnen Frie-dens froh!
Wun-den.
bin ich dein: Mein bist du e-wig bin ich dein! Ja
glück-lich sein! Ihr bleibt bei uns, ihr bleibt bei uns. Ja
du zu sein. Schwör' ich du zu. so treu wie du. Ja
glück-lich sein. Ihr bleibt bei uns, ihr bleibt bei uns, ihr
ei-nem Bein. Er lebt, er lebt, er lebt, er lebt! Ja
dass wir uns lang des gold-nen Frie-
dass wir uns lang.
dass wir uns lang.

mein bist du, mein, ja
Ja.
so treu wie du. so
bleibt bei uns. ihr bleibt bei uns, des Lebens spä-te Stun-den sollt
o nun verschmerz' ich al-le mei-ne Wun-den, und
dens freu-en lang!
lang!
lang!
e-wig, e-wig bin ich dein, ja e-wig, e-wig
ja Glück und Freude ziehen
treu wie du zu sein, so treu, so treu wie du, wie
ihr in uns-rer Mit-te glück-lich sein, in unsrer Mit-te
tan-zen will ich selbst auf ei-nem, ei-nem
Dass wir uns lang, dass wir uns lang des gold-nen
gold-nen
ff
mf
cresc.

bin ich dein!
bei uns ein!
du zu sein!
glück - lich sein!
ei - nem Bein!
Frie - dens freun!
Basta Kinder, wie mir scheint, wird am
Hoch-zeits - tag ge - weint?
Al - lons!
Vor-wärts, jun-ges
Paar!
Gre - na - dier - marsch zum Al -

Christine.
Bom bom bom, tra-ra-ra. Das Leid ist ü-ber-stan-den,bom bom bom, tra-ra-
Therese.
Bom bom bom, tra-ra-ra. Das Leid ist ü-ber-stan-den,bom bom bom, tra-ra-
Gontran.
Bom bom bom, tra-ra-ra. Das Leid ist ü-ber-stan-den,bom bom bom, tra-ra-
Colas.
Bom bom bom, tra-ra-ra. Das Leid ist ü-ber-stan-den,bom bom bom, tra-ra-
Bombardon.
tar. Bom bom bom, tra-ra-ra. Das Leid ist ü-ber-stan-den,bom bom bom, tra-ra-
CHOR.
Bom bom bom, tra-ra-ra. Das Leid ist ü-ber-stan-den,bom bom bom, tra-ra-
ra! Das Leid ist ü-ber-stan-den. Mä-del im Arm,
ra! Das Leid ist ü-ber-stan-den. Mä-del im Arm,
ra! Das Leid ist ü-ber-stan-den. Mä-del im Arm,
ra! Das Leid ist ü-ber-stan-den. Mä-del im Arm,
ra! Das Leid ist ü-ber-stan-den. Mä-del im Arm,
ra! Das Leid ist ü-ber-stan-den. Mä-del im Arm,

Kopf in die Höh', ca - pi - tu - lirt die gro - sse Ar - mee. In treu - er Lie - be
Kopf in die Höh', ca - pi - tu - lirt die gro - sse Ar - mee. In treu - er Lie - be
Kopf in die Höh', ca - pi - tu - lirt die gro - sse Ar - mee. In treu - er Lie - be
Kopf in die Höh', ca - pi - tu - lirt die gro - sse Ar - mee. In treu - er Lie - be
Kopf in die Höh', ca - pi - tu - lirt die gro - sse Ar - mee. In treu - er Lie - be
Kopf in die Höh', ca - pi - tu - lirt die gro - sse Ar - mee. In treu - er Lie - be
mf
ritard.
a tempo
Ban - den, ca - pi - tu - lirt die gro - sse Ar - mee, die gro - sse Ar - mee, ca - pi - tu - lirt die
Ban - den, ca - pi - tu - lirt die gro - sse Ar - mee, die gro - sse Ar - mee, ca - pi - tu - lirt die
Ban - den, ca - pi - tu - lirt die gro - sse Ar - mee, die gro - sse Ar - mee, in treu -
Ban - den, ca - pi - tu - lirt die gro - sse Ar - mee, die gro - sse Ar - mee, in treu - er
Ban - den, ca - pi - tu - lirt die gro - sse Ar - mee, die gro - sse Ar - mee, in treu - er Lie - be
ff
ritard.
a tempo
in treu -
Ban - den, ca - pi - tu - lirt die gro - sse Ar - mee, die gro - sse Ar - mee, in treu - er, in
ff
in treu - er Lie - be
ff

grosse Ar-mee, ca - pi - tu - lirt die grosse Ar-mee, in treu-er Lie - be Ban - den, in
grosse Ar-mee, ca - pi - tu - lirt die grosse Ar-mee, in treu-er Lie - be Ban - den, in
Lie - be Ban - - den, in treu - er, treu - er
Ban - - den, in treu - er Lie - be Ban - - den, in treu - er, treu - er
treu - er Lie - be Ban - den, in treu - er Lie - be, treu - er, in treu - er
Ban - - den, in treu - er Lie - be Ban - - den, in treu - er, treu - er
treu-er Lie-be Ban - - den.
treu-er Lie-be Ban - - den.
Lie - be Ban - - den.
Lie - be Ban - - den.
Lie - be Ban - - den.
Lie - be Ban - - den.
Lie - be Ban - - den.
Lie - be Ban - - den.

www.ingramcontent.com/pod-product-compliance
Lightning Source LLC
Chambersburg PA
CBHW030848270326
41928CB00007B/1266